LOURDES - LE COEUR DE LA MISÉRICORDE DE DIEU:
Comptes et reflections d'un pelerin.

LOURDES - LE COEUR DE LA MISÉRICORDE DE DIEU:
Comptes et reflections d'un pelerin.

"Dieu que je sers avec mon esprit en prêchant l'Evangile de son Fils est mon témoin .." **Romains 1v9**

Ndinodaro nokuti Mwari iye wandinoshandira nomwoyo wangu wose nokuparidza kwandinoita Shoko(Dama). Rakanaka roMwanakomana wake, ndiye chapupu changu…"
Romans 1 vs9

"Au Nom du Père et du Fils et du Saint-Esprit. Amen."

"Je vous salue Marie pleine de grâce. Le Seigneur est avec vous. Vous êtes bénie entre toutes les femmes et béni est le fruit de vos entrailles, Jésus.

"Sainte Marie Mère de Dieu, priez pour nous pauvres pécheurs, maintenant et à l'heure de notre mort. Amen."

Joseph Foroma

Droits d'auteur ©2021 Joseph Foroma

LOURDES - "LE COEUR DE LA MISÉRICORDE DE DIEU";
Comptes et reflections d'un pelerin.

ISBN: 978-1-77921-532-1
Premier imprimerie en 2021

Tous droits réservés. Toute reproduction intégrale ou partielle de ce document y compris la réimpression, la reproduction par copie ou autres moyens techniques sans autorisation écrite est strictement interdite. Aucune partie de cette publication ne peut être reproduite, distribuée ou transmise sous quelque forme ou par quelque moyen que ce soit, y compris la photocopie, l'enregistrement ou d'autres méthodes électroniques ou mécaniques, sans l'autorisation écrite préalable des éditeurs. Ce livre ne peut être prêté, revendu, loué ou autrement cédé à titre commercial sous quelque forme, reliure ou couverture que celle dans laquelle il est publié, sans le consentement préalable des éditeurs.

Livre concu par Daniel Mutendi
Une partie de l'image d'arrière-plan de la couverture par Elena Joland, unsplash.com

La premiere et derniere page du couverture par Daniel Mutendi.
Photos de couverture:
Les photos de Notre Dame et celle de St Bernadette fournies et utilisées avec l'aimable autorisation du Sanctuaire ND de Lourdes, Pôle Communication.

REMERCIEMENTS

Je suis éternellement redevable à mon frère M. Benjamin Takavarasha, qui m'a offert de nombreuses Novenas et des encouragements quotidiens afin que je ne renonce jamais à terminer ce travail. C'est un frère qui me donne une épaule sur laquelle s'appuyer chaque fois qu'il lit le langage du corps ou qu'il remarque que je subis un revers de quelque nature que ce soit. Un omniprésent dans ma vie. Je pense souvent que sans son soutien, ce travail n'aurait peut-être jamais été achevé.

Mes sincères remerciements à mon curé local de la paroisse catholique Notre-Dame et de Saint-Joseph, le père Anthony Cho, qui a aimablement fourni la préface de ce livre.

Remerciements posthumes : Père Paul Dynan.
Avec l'aimable autorisation de la famille, j'exprime ma profonde gratitude, à titre posthume, à mon curé decédé, le Père Paul Dynan, qui avait accepté de préfacer ce livre dès son achèvement et sa publication. Toujours le pilier de soutien pour moi et ma famille, tant dans notre vie personnelle que paroissiale, il a été appelé à la maison céleste en 2020 avant que ce travail ne soit terminé. Son curé successeur, le P. Anthony Cho, a très gentiment accepté de remplir la tâche que son frère prêtre s'était engagé à faire et je remercie vivement le P. Anthony d'avoir fourni une belle préface à ce livre.

REQUIEM aeternam dona eis, Domine, et lux perpetua luceat eis.

PERE PAUL DYNAN

Fidelium animae, per misericordiam Dei, requiescant in pace. Amen.

Avant d'aller dans la maison céleste du Seigneur en 2009, J'ai demandé un jour à ma mère si elle accepterait de faire un pèlerinage avec moi. Elle m'a dit que cela ne serait pas possible en raison de son âge avancé (elle était dans ses quatres-vingts). Elle a ajouté que si je fais moi-même un pèlerinage, Notre-Dame serait ravie et reconnaîtrait que j'étais également partie en son nom. Au fil des ans, j'ai essayé de garder cet engagement envers ma défunte mère.

Le livre était massivement enrichi par une partie de témoignages des pelerins que j'ai rencontré à Lourdes et certains avec qui j'y ai voyagé sur mes divers pèlerinages annuels. J'ai rendu compte que les histoires authentiques de ces peuples de foi en racontant l'histoire magnifique du miséricorde de Dieu à Lourdes est inéstimable. Jái essayé de prendre toutes les precautions pour presenter une histoire aussi exacte que possible et bien sur assumer l'entière responsabilité de toute inexactitude ou erreur. Pendant que j'ecrivait ce livre, je me suis souvenu de mes premiers mentors et professeurs : qui incluent le regretté Sr Assumpta Ribeiro la sage-femme infirmière à ma naissance qui m'a reçu du ventre de ma mère dans le monde à mission de Gokomere et que je devais rencontrer régulièrement plus tard en tant qu'adulte dans son prochain rôle de responsable de l'orphelinat à la mission de Driefontein. J'étais très proche de cette merveilleuse grand-mère. Tel a été son impact sur moi que si jamais je voyageais n'importe où près de sa station de mission, je ferais toujours un détour et la verrais même pendant quelques minutes seulement souvent plus longtemps. L'autre icône dans ma vie était la défunte Sr Ancilla Mahuni, mon professeur de première année (Sub A comme on l'appelait alors). Lors de ma dernière rencontre avec elle les 5 et 6 janvier 2018, elle m'a flatté devant d'autre sœurs aînées de la maison de retraite des martyrs ougandais disant que je n'avais jamais eu de problème ici au cours de ma première année à l'école! Les autres sont M. Richard Chinyuku qui m'a guidé à travers mes premières années de 3 à 5 à l'école Gamanya à Chivhu. Je me souviens aussi avec respect et de bons souvenirs, mes professeurs du secondaire dont M. Abdul Madubeko , le regretté M. Jean Mupfumira, le regretté M Engelbert Marume, le regretté Frère Roger Martinueau , le regretté Frère Clement , le regretté M. Chirawu , le regretté M. Cuthbert Musiwa, M. Norman Maposa , Prof Francis Gudyanga, Père Patrick Makaka SJ qui a présidé à mon mariage et est devenu un ami de longue date et d'autres. Sans leur formation et leurs efforts concentrés et dévoués au début de ma vie, les dons de la foi, du calcul et de l'alphabétisation ne seraient pas venus à ma rencontre.

AVANT PROPOS

Au cours de l'année écoulée, nous avons été privés de voyages pour des pèlerinages et/ou des loisirs. Dans le diocèse de Brentwood, notre pèlerinage annuel d'été au sanctuaire Notre-Dame de Lourdes a également été annulé à deux reprises. J'ai aidé en tant qu'aumônier aux Groupes de confiance pour le pèlerinage des enfants handicapés (HCPT) depuis 2017, où nous accompagnons les jeunes pèlerins de la Conférence épiscopale d'Angleterre et du Pays de Galles. Pendant la semaine des Octave de Pâques, ces pèlerinages ont également été suspendus en raison de la pandémie mondiale de Coronavirus. Je suis très certain que cela a affecté de nombreuses familles et autres.

Cette publication rappelle de bons souvenirs de pèlerins qui ont voyagé partout avec une foi inébranlable, demandant l'intercession de notre Sainte Mère avec une grande confiance et espoir.

Dans l'homélie de Sa Sainteté le Pape Benoît XVI à l'occasion du 150 anniversaire des apparitions de la Vierge Marie (datée du 14 septembre 2008) Le Pape Emeritus Benoît XVI nous rappelle que le but premier du Sanctuaire de Lourdes « *doit être un lieu de rencontre avec Dieu dans la prière et un lieu de service pour nos frères et sœurs, notamment par l'accueil des malades, des pauvres et de tous ceux qui souffrent.* »
Droits d'auteur © (2008 - Libreria Editrice Vaticana (utilisé avec permission). Pendant cette période de pandémie où des millions de personnes dans le monde ont tant souffert par la maladie et la mort des membres de la

famille et des êtres chers. Je crois qu'il est plus approprié de chercher Marie notre Mère qui nous a été donnée par Jésus lui-même qui est toujours à l'écoute des besoins de ses enfants où la Lumière du Christ jaillit de son visage et la miséricorde de Dieu se manifeste.

Pour moi ce livre est une source d'inspiration, évoquant beaucoup de bons souvenirs et de joyeux souvenirs nostalgiques de mes pèlerinages à Lourdes. Je félicite Joseph Foroma pour sa réussite et le remercie pour sa recherche consciencieuse des contributions et des témoignages de nombreux pèlerins. Je vous remercie de votre générosité à partager vos réflexions profondément personnelles. Ce livre est vraiment motivant et j'attends avec une grande confiance à nous tous, pèlerins réunis au sanctuaire Notre-Dame de Lourdes.

Que sainte Bernadette prie pour nous et Notre Dame, qui s'est révélée comme l'Immaculée Conception, accompagne tout le monde de bonne volonté, tous ceux qui souffrent de cœur ou de corps, à lever les yeux vers la Croix de Jésus, pour y découvrir (à Lourdes)
la source de la vie , la source du salut.

Père Anthony Cho
Solennité de
l'Ascension de Notre-Seigneur
13 mai 2021

"A celui qui a la foi, aucune explication n'est nécessaire. A celui qui n'a pas la foi, aucune explication n'est possible." Sainte Thomas d'Aquin

DÉVOUEMENT

Je dédie ce livre à mes défunts parents et à leurs parents. Bernadette Soubirous a vécu une vie courte. Elle est décédée à l'âge de 35 ans seulement. Mais sa courte vie et ses rencontres avec NOTRE Dame (la Bienheureuse Vierge Marie) ont laissé un héritage fort et des messages puissants digne de bien des réflexions. Comme ce fut le cas avec Bernadette, il n'est pas nécessaire de vivre longtemps pour faire des différences significatives et mémorables aux autres. En effet, les vies et les impacts de beaucoup d'autres saints attestent également de ce fait. Toucher la vie des autres est un moyen crucial de répandre La Bonne Nouvelle de Notre Seigneur Jésus-Christ. Et c'est ce que Bernadette a fait et continue de faire à ce jour. Bernadette nous conduit à Notre-Dame qui, comme le dit le Père Michel Gaitley des Pères Mariés de l'Immaculée Conception (MIC), Marie est "*le moyen le plus sûr, le plus facile, le plus court et le plus parfait pour devenir un saint.*". Notre Sainte Mère est donc le meilleur moyen d'atteindre son fils Notre Seigneur Jésus-Christ et donc le royaume des cieux.

Je suis allé à Lourdes pour la première fois en 2014 et y suis allé chaque année depuis jusqu'à la pandémie de coronavirus et n'ai donc pas pu faire le pèlerinage en 2020. J'ai écrit et je partage ici mes propres réflexions ainsi que les témoignages d'autres personnes sur ce lieu saint. Je consacre du temps à réfléchir sur la façon dont certains aspects de la vie de Bernadettes pourraient être appliqués pour guider et partager notre propre vie chretienne. Bernadette était un être mortel, tout comme vous et moi. Elle l'a plus humblement admis elle-même. « ***C'est parce que j'étais le plus pauvre et le plus ignorant que la Sainte Vierge m'a choisi... si elle en avait trouvé un de plus ignorant que moi, elle l'aurait choisie.*** » Bernadette a toujours fait preuve d'une profonde humilité personnelle. Elle était une personne profondément priante (elle pouvait réciter le chapelet dès son plus jeune et en effet elle avait son chapelet sur elle lorsqu'elle rencontra pour la première fois Notre-Dame à la Grotte de Massabielle. Une foi sans doute transmise par ses parents qui formaient un couple profondément religieux. Je ne pouvais m'empêcher de penser à mes propres parents décédés, en faisant des comparaisons de modèles avec la foi qu'ils m'ont transmise... seulement dans mon cas, je n'ai pas été à la hauteur ni parcouru le chemin de Bernadette. La foi qu'un parent donne à son enfant **EST** le plus beau cadeau ils peuvent jamais donner à leur enfant et aux enfants de leurs enfants. La foi a été le plus grand héritage de mes parents et pour cela, je suis éternellement reconnaissant.

Avant mes parents sont venus cependant leurs propres parents, qui ont aussi leur propre histoire spéciale qui semble se fondre bien avec celui de Bernadette Soubirous. Mes sœurs aînées m'ont raconté notre histoire familiale à partir de récits oraux passés qu'elles ont obtenus de nos aînés.

Le père de ma mère, Sekuru (grand-père dans ma langue vernaculaire shona) Peter Vakisa, fut le premier converti catholique baptisé par les missionnaires jésuites à la mission de Gokomere au Zimbabwe autour de la période 1900. Le prêtre Jésuite baptisant l'a nommé Peter parce qu'il a été le premier converti catholique à la nouvelle mission dans ce qui est maintenant le diocèse de Masvingo à Zimbabwe. Son frère cadet a ensuite été baptisé et a reçu le nom d'André (Pierre et André étant les premiers disciples de Jésus-Christ à Capharnaüm sur les rives de la mer de Galilée. Et sa femme Mbuya (la grand-mère Catherine Vakisa étant un autre rocher inimitable de la foi.

Sekuru Peter Vakisa n'a pas vécu longtemps, il est mort jeune. Mais la graine de moutarde du catholicisme durable dans cette bonne communauté et dans ma famille avait été solidement semée. Des années plus tard, un frère cousin du côté de ma mère, Herman Nhariwa, est devenu l'un des premiers prêtres catholiques du Zimbabwe (alors Rhodésie). La première née de ma propre famille est également devenue une religieuse catholique. Cette graine de moutarde montrée dans le passé semblait vraiment et vraiment en train de s'épanouir. « *Tomber amoureux de Dieu est la plus grande romance ; Le chercher la plus grande aventure, le trouver, le plus grand accomplissement humain.* » - **Saint Augustin** à la suite de DIEU. D'autres familles de la communauté locale de la mission de Gokomere ont également été témoins de vocations réussies chez leurs propres enfants.

Après la mort de M. Peter Vakisa, les prêtres ont accueilli sa veuve Mbuya Catherine et ses enfants (dont ma propre mère) et leur ont donné un logement, une formation complète et une éducation à la Mission jusqu'à ce que les enfants deviennent des adultes qui se marient pour fonder leur propre famille. Les missionnaires leur ont fourni tout ce dont ils avaient besoin pour leur vie. Ainsi, la vie de nos mères et de leur frère était totalement liée à l'établissement missionnaire catholique de formation dans la région. L'église a fait ces merveilles dans ma famille.

Pendant que Mbuya Vakisa résidait à la Mission, s'occupant de ses enfants, elle fut placée en charge des filles de l'École de la Mission et devint la Maîtresse d'Internat dans cet établissement missionnaire de formation. Elle enseigna aux filles le catéchisme et s'assura de leur bonne participation à la messe et à d'autres activités liturgiques.

Elle les a également dirigées dans la guilde des petites fleurs de Sainte-Thérèse pour les jeunes filles. Au fil du temps, cependant, les filles qu'elle avait encadrées quitteraient la mission pour se marier et devenir de jeunes mères à part entière.

Reconnaissant que la guilde qu'elle avait eue pour les filles pendant qu'elles étaient à la mission est devenue moins pertinente lorsqu'elles ont commencé leur nouvelle vie en tant que jeunes mères et femmes au foyer, elle a joué un rôle déterminant dans la formation de la guilde de Sainte-Anne (Mbuya Anna) localement et est devenue la premier président de cette guilde. Sa photographie orne toujours le manuel de la Guilde de Sainte Anne. Encore une graine de moutarde pour la foi qui venait d'être semée.

Mbuya Catherine avait une routine stricte de prières chaque jour, même si elle devait faire ses tâches ménagères ainsi que labourer un petit champ pour sa nourriture, ce qui, avec le recul, servait également de régime d'entraînement physique pour la garder en forme. Dans la communauté, les habitants savaient qu'une fois que Mbuya Vakisa aurait commencé ses prières diurnes, elle se fermerait fermement à l'intérieur et tous les enfants envoyés en courses ou les visiteurs de sa maison devraient attendre qu'elle ait terminé ses prières car elle ne répondrait jamais à sa porte au milieu de la prière. Mes sœurs me racontaient que Mbuya Vakisa avait l'habitude de voir des 'visions' dans le ciel, les plus courantes étant l'"Hôte", le "Sang du Christ", "les Anges" et elle ne comprenait pas pourquoi ceux qu'elle désignait ces choses ne pouvaient pas voir ce qu'elle voyait. Avec le recul, ses routines de prières quotidiennes semblent avoir coïncidées avec le Chapelet de la Divine Miséricorde à 15 heures, bien qu'elle n'aurait bien sûr pas été au courant de cette coïncidence qui devait arriver plus tard avec l'introduction du Chapelet de la Divine Miséricorde. Elle a quitté ce monde en 1978. Nous pensons qu'elle est là-haut avec le Tout-Puissant et les anges. Avec Ste Bernadette, avec Notre-Dame et tous les saints.

En tant que jeune garçon, j'ai fréquenté un pensionnat à Gokomere Mission et en tant que serveur de messe, je voyais toujours ma grand-mère venir aux messes tôt le matin, même pendant les mois froids d'hiver. Je me suis toujours demandé, et je le fais encore, à quelle heure elle, une personne âgée qui marchait si péniblement lentement, se serait réveillée pour se rendre à la messe qui commençait à 6h et parfois à 5h30. Elle aurait eu besoin de marcher une distance d'environ un mile et demi dans l'obscurité du matin. Mbuya Catherine prie pour nous. Sekuru prie pour nous.

Mon père Edmund Munyengwa et ma mère Agnès (qu'ils trouvent tous les deux la paix éternelle dans le Seigneur) m'ont élevé dans une grande famille fervente catholique, tout comme eux. Ils nous ont donné leurs enfants, tout ce qu'ils ont et oserais-je dire, tout ce que nous avons maintenant. Sans la foi et l'humble expérience qu'ils nous ont donnés dans nos vies, aucun de nous ne serait là où nous sommes aujourd'hui.

Mère et père étaient matériellement pauvres. Mais ils étaient des parents immensément aimants, attentionnés et responsables. Ils m'ont appris à me contenter de mon sort, de tout ce que je devrais appeler le mien pour être toujours le seul produit d'un dur labeur. Le vrai courage. Et donc je salue mes parents, et leurs parents avec une immense fierté, une profonde conviction et un contentement complet. Les nombreuses faiblesses, transgressions, faiblesses humaines et échecs à la fois insignifiants et importants, et les nombreuses taches et points noirs très visibles sur ma vie pécheresse sont entièrement les miens.

Mes opinions sur mes parents sont également partagées par mes frères et sœurs. Le jour où notre mère est décédée en 2009, ma sœur aînée Sr Generosa a dit de nos parents : « **Nos parents étaient de simples paysans assidus et priants. C'étaient des catholiques qui ont donné leur offrande à l'église comme prévu. Mais ils sont allés plus loin et Ils se sont donnés à l'église, travaillant sans relâche pour l'Église de toutes les manières qui leur étaient demandées ou là où ils voyaient un besoin. Ils ont donné à tous leurs enfants la porte du salut en nous**

faisant baptiser tous. Ils ont aidé et ont beaucoup soutenu leur fille qui s'était donnée aux vœux de devenir Sœur. »

« *Donner et ne pas compter le prix ; se battre et ne pas faire attention aux blessures ; travailler et ne pas chercher le repos ; travailler et ne demander aucune récompense, sauf celle de savoir que nous faisons ta volonté.* " **Saint Ignace de Loyola.**
"*Et l'un des anciens répondit, me disant: Ceux-ci qui sont vêtus de longues robes blanches, qui sont-ils et d'où sont-ils venus? 14 Et je lui dis: Mon seigneur, tu le sais. Et il me dit: Ce sont ceux qui viennent de la grande tribulation, et ils ont lavé leurs robes et les ont blanchies dans le sang de l'Agneau. 15 C'est pourquoi ils sont devant le trône de Dieu et le servent jour et nuit dans son temple; et celui qui est assis sur le trône dressera sa tente sur eux…"* <u>(Revelation 7: 13-15)</u>

En effet

Et donc avec une grande humilité, une tendresse de cœur et une profonde appréciation, je ne pourrais penser à aucune meilleure façon de reconnaître et de remercier ces grandes icônes maternelles et spirituelles de ma vie qu'en leur déclarant ma gratitude en préface de mes observations sur Sainte Bernadette, qui m'inspire tellement. Je suis convaincu que mes ancêtres approuveraient ainsi. Comme ce que les parents de Bernadette ont fait pour elle, mes grands-parents et parents semblent avoir essayé de le faire pour nous leurs enfants.

« *Accorde-leur le repos éternel, ô Seigneur. Et que la lumière prépétuelle brille sur eux. Et que les âmes de tous les fidèles défunts, par la miséricorde de Dieu, reposent en paix. Amen.*»

Table des matières

Remerciements	6
Avant-propos	10
Dévouement	12
Le pape Benoît XVI présente le message du Cœur de Lourdes	22

1.	INTRODUCTION	30
2.	CADRE DE LOURDES	32
3.	CLIMAT	33
4.	L'HISTOIRE DE BERNADETTE ET LES MIRACLES DE NOTRE DAME A LOURDES.	34
5.	LES APPARITIONS	38
6.	RÉFLEXIONS SUR LES MESSAGES DE NOTRE DAME À BERNADETTE	51
7.	REFLEXIONS SUR QUELQUES CITATIONS DE SAINTE BERNADETTE	57
8.	UNE JOURNÉE A LOURDES : LIEU A VISITER ET CHOSES A FAIRE	64
9.	LES TÉMOIGNAGES	80
10	REMARQUES FINALES	106

ANNEXE 1:	POURQUOI DEVONS-NOUS ALLER EN PÈLERINAGE	**109**
ANNEXE 2:	QUAND COMMENCE ET FIN UN PÈLERINAGE?	**112**
ANNEXE 3:	QUELQUES ACTIVITÉS DE PRIERE UTILES ET ACTIONS PERSONNELLES PENDANT LE PÈLERINAGE.	**114**
ANNEXE 4:	QUELQUES PRIÈRES POUR VOUS ET MOI	**116**
	LES RÉFÉRENCES	**122**

Le Pape Benoît présente le message du Cœur de Lourdes.

VOYAGE APOSTOLIQUE EN FRANCE À L'OCCASION DU 150e ANNIVERSAIRE DES APPARITIONS DE LA BIENHEUREUSE VIERGE MARIE A LOURDES (12 - 15 SEPTEMBRE 2008)

MESSE DE LA FÊTE DU 150e ANNIVERSAIRE DES APPARITIONS DE LA BIENHEUREUSE VIERGE MARIE A LOURDES
HOMÉLIE DU PAPE BENOÎT XVI

Prairie, Lourdes
Dimanche 14 septembre 2008

Messieurs les Cardinaux,
Cher Monseigneur Perrier,
Chers Frères dans l'Épiscopat et le Sacerdoce,
Chers pèlerins, frères et sœurs,

«Allez dire aux prêtres qu'on vienne ici en procession et qu'on y bâtisse une chapelle». C'est le message qu'en ces lieux Bernadette a reçu de la « belle Dame » qui lui apparut le 2 mars 1858. Depuis 150 ans, les pèlerins n'ont jamais cessé de venir à la grotte de Massabielle pour entendre le message de conversion et d'espérance qui leur est adressé. Et nous aussi, nous voici ce matin aux pieds de Marie, la Vierge Immaculée, pour nous mettre à son école avec la petite Bernadette.

Je remercie particulièrement Mgr Jacques Perrier, Évêque de Tarbes et Lourdes, pour l'accueil chaleureux qu'il m'a réservé et pour les paroles aimables qu'il m'a adressées. Je salue les Cardinaux, les Évêques, les prêtres, les diacres, les religieux et les religieuses, ainsi que vous tous, chers pèlerins de Lourdes, en particulier les malades. Vous êtes venus en grand nombre accomplir ce pèlerinage jubilaire avec moi et confier vos familles, vos proches et vos amis, et toutes vos intentions à Notre Dame. Ma gratitude va aussi aux Autorités civiles et militaires qui ont voulu être présentes à cette célébration eucharistique.

«Quelle grande chose que de posséder la Croix! Celui qui la possède, possède un trésor» (Saint André de Crète, Homélie X pour l'Exaltation de la Croix, PG 97, 1020). En ce jour où la liturgie de l'Église célèbre la fête de l'Exaltation de la sainte Croix, l'Évangile nous rappelle la signification de ce grand mystère: Dieu a tant aimé le monde qu'Il a donné son Fils unique, pour que les hommes soient sauvés (cf. Jn 3, 16). Le Fils de Dieu s'est fait vulnérable, prenant la condition de serviteur, obéissant jusqu'à la mort et la mort sur une croix (cf. Ph 2, 8). C'est par sa Croix que nous sommes sauvés. L'instrument de supplice qui manifesta, le Vendredi-Saint, le jugement de Dieu sur le monde, est devenu source de vie, de pardon, de miséricorde, signe de réconciliation et de paix. « Pour être guéris du péché, regardons le Christ crucifié! » disait saint Augustin (Traités sur St Jean, XII, 11). En levant les yeux vers le Crucifié, nous adorons Celui qui est venu enlever le péché du monde et nous donner la vie éternelle. Et l'Église nous invite à élever avec fierté cette Croix glorieuse pour que le monde puisse voir jusqu'où est allé l'amour du Crucifié pour les hommes, pour tous les hommes. Elle nous invite à rendre grâce à Dieu parce que d'un arbre qui apportait la mort, a surgi à nouveau la vie. C'est sur ce bois que Jésus nous révèle sa souveraine majesté, nous révèle qu'Il est exalté dans la gloire. Oui, « Venez, adorons-le! ». Au milieu de nous se trouve Celui qui nous a aimés jusqu'à donner sa vie pour nous, Celui qui invite tout être humain à s'approcher de lui avec confiance.

C'est ce grand mystère que Marie nous confie aussi ce matin en nous invitant à nous tourner vers son Fils. En effet, il est significatif que, lors de la première apparition à Bernadette, c'est par le signe de la Croix que Marie débute sa rencontre. Plus qu'un simple signe, c'est une initiation aux mystères de la foi que Bernadette reçoit de Marie. Le signe de la Croix est en quelque sorte la synthèse de notre foi, car il nous dit combien Dieu nous a aimés; il nous dit que, dans le monde, il y a un amour plus fort que la mort, plus fort que nos faiblesses et nos péchés. La puissance de l'amour est plus forte que le mal qui nous menace. C'est ce mystère de l'universalité de l'amour de Dieu pour les hommes que Marie est venue rappeler ici, à Lourdes. Elle invite tous les hommes de bonne volonté, tous ceux qui souffrent dans leur cœur ou dans leur corps, à lever les yeux vers la Croix de Jésus pour y trouver la source de la vie, la source du salut.

L'Église a reçu la mission de montrer à tous ce visage aimant de Dieu manifesté en Jésus-Christ. Saurons-nous comprendre que dans le Crucifié du Golgotha c'est notre dignité d'enfants de Dieu, ternie par le péché, qui nous est rendue? Tournons nos regards vers le Christ. C'est Lui qui nous rendra libres pour aimer comme il nous aime et pour construire un monde réconcilié. Car, sur cette Croix, Jésus a pris sur lui le poids de toutes les souffrances et des injustices de notre humanité. Il a porté les humiliations et les discriminations, les tortures subies en de nombreuses régions du monde par tant de nos frères et de nos sœurs par amour du Christ. Nous les confions à Marie, mère de Jésus et notre mère, présente au pied de la Croix.

Pour accueillir dans nos vies cette Croix glorieuse, la célébration du jubilé des apparitions de Notre-Dame à Lourdes *nous fait entrer dans une démarche de foi et de conversion. Aujourd'hui, Marie vient à notre rencontre pour nous indiquer les voies d'un renouveau de la vie de nos communautés et de chacun de nous. En accueillant son Fils, qu'elle nous présente, nous sommes plongés dans une source vive où la foi peut retrouver une vigueur nouvelle, où l'Église peut se fortifier pour proclamer avec toujours plus d'audace le mystère du Christ. Jésus, né de Marie, est le Fils de Dieu, l'unique Sauveur de tous les hommes, vivant et agissant dans son Église et dans le monde. L'Église est envoyée partout dans le monde pour proclamer cet unique message et inviter les hommes à l'accueillir par une authentique conversion du cœur. Cette mission, qui a été confiée par Jésus à ses disciples, reçoit ici, à l'occasion de ce jubilé, un souffle nouveau. Qu'à la suite des grands évangélisateurs de votre pays, l'esprit missionnaire qui a animé tant d'hommes et de femmes de France, au cours des siècles, soit encore votre fierté et votre engagement!*

En suivant le parcours jubilaire sur les pas de Bernadette, l'essentiel du message de Lourdes nous est rappelé. Bernadette est l'aînée d'une famille très pauvre, qui ne possède ni savoir ni pouvoir, faible de santé. Marie l'a choisie pour transmettre son message de conversion, de prière et de pénitence, conformément à la parole de Jésus: « Ce que tu as caché aux sages et aux savants, tu l'as révélé aux tout-petits » (Mt 11, 25). Dans leur cheminement spirituel, les chrétiens sont appelés eux aussi à faire fructifier la grâce de leur Baptême, à se nourrir de l'Eucharistie, à puiser dans la prière la force pour témoigner et être solidaires avec tous leurs frères en humanité (cf. Hommage à la Vierge Marie, Place d'Espagne, 8 décembre 2007). C'est donc une véritable catéchèse qui nous est ainsi proposée, sous le regard de Marie. Laissons-la nous instruire et nous guider sur le chemin qui conduit au Royaume de son Fils!

En poursuivant sa catéchèse, la « belle Dame » révèle son nom à Bernadette: «Je suis l'Immaculée Conception». Marie lui dévoile ainsi la grâce extraordinaire qu'elle a reçue de Dieu, celle d'avoir été conçue sans péché, car « il s'est penché sur son humble servante » (cf. Lc 1, 48). Marie est cette femme de notre terre qui s'est remise entièrement à Dieu et qui a reçu le privilège de donner la vie humaine à son Fils éternel. « Voici la servante du Seigneur; que tout se passe en moi selon ta parole » (Lc 1, 38). Elle est la beauté transfigurée, l'image de l'humanité nouvelle. En se présentant ainsi dans une totale dépendance de Dieu, Marie exprime en réalité une attitude de pleine liberté, fondée sur l'entière reconnaissance de sa véritable dignité. Ce privilège nous concerne nous aussi, car il nous dévoile notre propre dignité d'hommes et de femmes, marqués certes par le péché, mais sauvés dans l'espérance, une espérance qui nous permet d'affronter notre vie quotidienne. C'est la route que Marie ouvre aussi à l'homme. S'en remettre pleinement à Dieu, c'est trouver le chemin de la liberté véritable. Car, en se tournant vers Dieu, l'homme devient lui-même. Il retrouve sa vocation originelle de personne créée à son image et à sa ressemblance.

Chers Frères et Sœurs, la vocation premièr du sanctuaire de Lourdes est d'être un lieu de rencontre avec Dieu dans la prière, et un lieu de service des frères, notamment par l'accueil des malades, des pauvres et de toutes les personnes qui souffrent. En ce lieu, Marie vient à nous comme la mère, toujours disponible aux besoins de ses enfants. À travers la lumière qui émane de son visage, c'est la miséricorde de Dieu qui transparaît. Laissons-nous toucher par son regard qui nous dit que nous sommes tous aimés de Dieu et jamais abandonnés par Lui! Marie vient nous rappeler ici que la prière, intense et humble, confiante et persévérante, doit avoir une place centrale dans notre vie chrétienne. La prière est indispensable pour accueillir la force du Christ. « Celui qui prie ne perd pas son temps, même si la situation apparaît réellement urgente et semble pousser uniquement à l'action » (Deus caritas est, n. 36). Se laisser absorber par les activités risque de faire perdre à la prière sa spécificité chrétienne et sa véritable efficacité. La prière du Rosaire, si chère à Bernadette et aux pèlerins de Lourdes, concentre en elle la profondeur du message évangélique. Elle nous introduit à la contemplation du visage du Christ. Dans cette prière des humbles, nous pouvons puiser d'abondantes grâces.

La présence des jeunes à Lourdes est aussi une réalité importante. Chers amis, ici présents ce matin, réunis autour de la croix de la Journée mondiale de la Jeunesse, lorsque Marie a reçu la visite de l'ange, c'était une jeune fille de Nazareth qui menait la vie simple et courageuse des femmes de son village. Et si le regard de Dieu s'est posé de façon particulière sur elle, en lui faisant confiance, Marie peut vous dire encore qu'aucun de vous n'est indifférent à Dieu. Il pose Son regard aimant sur chacun de vous et vous appelle à une vie heureuse et pleine de sens. Ne vous laissez pas rebuter par les difficultés! Marie fut troublée à l'annonce de l'ange venu lui dire qu'elle serait La Mère du Sauveur. Elle ressentait combien elle était faible face à la toute-puissance de Dieu. Pourtant, elle a dit « oui » sans hésiter. Et grâce à son oui, le salut est entré dans le monde, changeant ainsi l'histoire de l'humanité. À votre tour, chers jeunes, n'ayez pas peur de dire oui aux appels du Seigneur, lorsqu'Il vous invite à marcher à sa suite. Répondez généreusement au Seigneur! Lui seul peut combler les aspirations les plus profondes de votre cœur. Vous êtes nombreux à venir à Lourdes pour un service attentif et généreux auprès des malades ou d'autres pèlerins, en vous mettant ainsi à suivre le Christ serviteur. Le service des frères et des sœurs ouvre le cœur et rend disponible. Dans le silence de la prière, que Marie soit votre confidente, elle qui a su parler à Bernadette en la respectant et en lui faisant confiance. Que Marie aide ceux qui sont appelés au mariage à découvrir la beauté d'un amour véritable et profond, vécu comme don réciproque et fidèle! À ceux, parmi vous, que le Seigneur appelle à sa suite dans la vocation sacerdotale ou religieuse, je voudrais redire tout le bonheur qu'il y a à donner totalement sa vie pour le service de Dieu et des hommes. Que les familles et les communautés chrétiennes soient des lieux où puissent naître et s'épanouir de solides vocations au service de l'Église et du monde!

Le message de Marie est un message d'espérance pour tous les hommes et pour toutes les femmes de notre temps, de quelque pays qu'ils soient. J'aime à invoquer Marie comme étoile de l'espérance (Spe salvi, n. 50). Sur les chemins de nos vies, si souvent sombres, elle est une lumière d'espérance qui nous éclaire et nous oriente dans notre marche. Par son oui, par le don généreux d'elle-même, elle a ouvert à Dieu les portes de notre monde et de notre histoire. Et elle nous invite à vivre comme elle dans une espérance invincible, refusant d'entendre ceux qui prétendent que nous sommes enfermés dans la fatalité. Elle nous accompagne de sa présence maternelle au milieu des événements de la vie des personnes, des familles et des nations. Heureux les hommes et les femmes qui mettent leur confiance en Celui qui, au moment d'offrir sa vie pour notre salut, nous a donné sa Mère pour qu'elle soit notre Mère!

Chers Frères et Sœurs, sur cette terre de France, la Mère du Seigneur est vénérée en d'innombrables sanctuaires, qui manifestent ainsi la foi transmise de générations en générations. Célébrée en son Assomption, elle est la patronne bien-aimée de votre pays. Qu'elle soit toujours honorée avec ferveur dans chacune de vos familles, dans vos communautés religieuses et dans vos paroisses! Que Marie veille sur tous les habitants de votre beau pays et sur les pèlerins venus nombreux *d'autres pays célébrer ce jubilé! Qu'elle soit pour tous la Mère qui entoure ses enfants dans les joies comme dans les épreuves! Sainte Marie, Mère de Dieu, notre Mère, enseigne-nous à croire, à espérer et à aimer avec toi. Indique-nous le chemin vers le règne de ton Fils Jésus! Étoile de la mer, brille sur nous et conduis-nous sur notre route! (cf. Spe salvi, n. 50). Amen.*

© Copyright 2008 - Libreria Editrice Vaticana (Utilisé avec permission.)

1. INTRODUCTION

Ce livre vous est destiné si vous envisagez de visiter Lourdes et éventuellement d'autres sites de pèlerinage ou Sanctuaires ailleurs. Il est destiné à vous aider dans votre voyage spirituel pendant le pèlerinage ainsi qu'à vous donner quelques préparatifs spirituels pratiques avant le voyage. On espère également qu'il vous indiquera les nombreuses zones de Lourdes que vous pourrez visiter avec d'autres lieux typiquement trouvés sur un lieu de pèlerinage. Mais surtout, j'espère que cela vous aidera à la fois à élever et à approfondir la spiritualité et à vous aider, vous et moi, dans notre voyage vers la terre promise à travers les mains aimantes et chaleureuses de Notre Mère Bénie. Vous avez peut-être déjà été à Lourdes, ou même plusieurs fois et souhaitez simplement vous remémorer et retracer vos traces de ce voyage spécial. Il se peut également que vous n'ayez jamais vécu à Lourdes et sans plans ou perspectives immédiats pour faire le voyage. Peu importe, vous voudrez peut-être simplement fermer les yeux et ouvrir votre cœur pour faire l'expérience d'un pèlerinage où que vous soyez, à tout moment.

Qu'est-ce qui a déclenché mon écriture de ce livre? Aller à Lourdes a été pour moi un "moment lumineux". Cela a déclenché une connexion spéciale avec l'endroit que je n'avais connu nulle part ailleurs : la paix, la tranquillité, la sainteté tangible de la place et juste l'endroit lui-même quelle que soit l'heure de la journée, où que vous regardiez et quel que soit votre regard, vous voyez l'illustration pratique de la miséricorde et de l'amour de Dieu en tous ceux que vous voyez autour de vous ainsi que des activités qui s'y déroulent.

Lorsque vous venez à Lourdes, vous pourrez peut-être même voir ce que vous décidez de voir. Vous pouvez également être absorbé par la commercialisation du lieu par ceux qui ont vu des opportunités de commercialisation pour vendre des marchandises et fournir des services commerciaux aux pèlerins. Vous pouvez aussi fermer les yeux sur ces choses et trouver Dieu dans ce lieu. Lourdes est pour moi un rappel personnel et un témoignage de la profonde et réelle Présence Divine que j'ai découverte y est librement accessible. Un rappel pour toujours apprendre de Bernadette que: être humble n'est pas être faible mais que cela peut être au contraire le meilleur moyen de devenir vraiment enfant de Dieu. Un rappel que chaque jour Dieu fait son travail dans la vie de ceux qui le cherchent avec un cœur sincère. Un rappel aussi que Dieu peut travailler à travers N'IMPORTE QUI Il choisit, et à Lourdes il choisit la jeune Bernadette. Que votre vie terrestre puisse être pleine de déceptions et de misères et pourtant être l'un des élus de Dieu. Lourdes est un message d'espoir. Là, je peux me retirer (et faire un inventaire) du monde implacable d'aujourd'hui, un monde où satan et ses nombreuses manifestations cherchent toujours des moyens de bouleverser et de faire dérailler le maigre contenu de mon charette de pommes soigneusement préparé. Et dans ce processus, perturbant et minant ma confiance fragile et plaçant malhonnêtement des pièges attrayants tout au long de mon voyage vers le paradis de Dieu. Lourdes est la porte d'entrée pour redécouvrir que je peux toujours revenir à la miséricorde illimitée de Dieu à tout moment. Oui toujours.

Bien sûr, aller physiquement à Lourdes n'est pas le seul moyen de trouver et d'expérimenter la miséricorde de Dieu. Il ne s'ensuit pas non plus que si vous allez à Lourdes, vous trouverez automatiquement la miséricorde de Dieu, cochez la case. Il faut vouloir et aspirer que Dieu entre dans son cœur. Pour permettre à l'Esprit Saint de faire son œuvre comme l'encourage saint Alphonse : « *Laissez Dieu faire de vous ce qu'il lui plaît.* » Beaucoup vont à Lourdes mais comme le chameau, mené à l'oasis, il ne boira pour les nombreux kilomètres de terrain accidenté qui l'attend que s'il le souhaite. Les gardiens de chameaux ne peuvent pas faire grand-chose. Le chameau lui-même doit vouloir boire l'eau. Pouvons-nous nous transformer en chameaux consentants? Quelle que soit votre situation, Lourdes est un bon endroit pour venir recevoir la miséricorde de Dieu. C'est le cœur de la miséricorde de Dieu.

2. LOURDES: LE CADRE

Lourdes est une petite ville du sud de la France, à environ 1000 km de Paris, la capitale française. Le trajet en train depuis Paris prend entre 7 et 10 heures, ou quelques heures en avion. Le train entre à Lourdes et des navettes sont disponibles pour transporter les pèlerins jusqu'à leurs hôtels. Ou on peut prendre un court trajet en taxi jusqu'au centre-ville. Si l'on se sent suffisamment en forme et que l'on voyage léger, la distance entre la gare et le sanctuaire et les hôtels est également accessible à pied. Il y a un aéroport international à l'extérieur de Lourdes car certains pèlerins arrivent dans ce lieu saint via des vols de correspondance en provenance du monde entier. Certains arrivent en autocar voyageant en groupe. Certains conduisent simplement. Une fois à Lourdes, la plupart des lieux sont accessibles à pied, les principales zones de pèlerinage se trouvant à quelques kilomètres carrés les unes des autres. Lors des pèlerinages, il peut être utile de planifier ses visites, en les répartissant en activités pour chaque jour afin de tirer le meilleur parti de son temps et de s'assurer que chaque lieu visité peut être fait avec spiritualité, respect et sans hâte.

3. LE CLIMAT

Le climat de Lourdes est fortement influencé par les montagnes environnantes des Pyrénées qui dominent la ville. Lourdes connaît des étés chauds et des hivers généralement frais. Il peut y avoir des précipitations toute l'année, mais le temps n'est généralement jamais assez rigoureux pour perturber les visiteurs. Lourdes peut être fraîche au début du printemps, il peut donc être judicieux d'avoir des vêtements à manches longues et des manteaux pour les visites du début de l'année jusqu'en mars environ. Au fur et à mesure que la saison avance, le temps se réchauffe et vers la fin de la journée, des températures moyennes quotidiennes de 20 degrés Celsius ou même 25 degrés peuvent être observées. Les mois de juin, juillet et août sont les plus fréquentés à Lourdes avec un flux de pèlerins en forte augmentation et des températures plus élevées enregistrées. Le beau temps permet aux visiteurs de découvrir librement les lieux de pèlerinage de Lourdes décrits plus loin. Il est courant de ressentir de la pluie même par temps chaud, mais avec beaucoup de soleil la plupart des jours. Les magasins locaux peuvent fournir de nombreux articles tels que des parapluies, des imperméables légers, des vestes, etc. nécessaire lorsque des changements météorologiques inattendus se produisent. Les magasins vendent également tous types d'articles comme des bougies à allumer dans l'enceinte des bougies, des chapelets, des statues, etc. La plupart de magasins restent ouverts tous les jours jusqu'à 23 heures ou minuit, lorsque les pèlerins peuvent faire du shopping après la Procession nocturne du Chapelet aux Flambeaux.

4. L'HISTOIRE DE BERNADETTE ET LES MIRACLES DE NOTRE DAME DE LOURDES

(adaptation des Franciscan Media Publications, MSM Publications, récits de divers guides touristiques sur les visites de Lourdes et divers dépliants d'information du centre d'accueil de Lourdes).

La fête de Notre-Dame de Lourdes a lieu le 11 février de chaque année, coïncidant avec la première rencontre de Bernadette Soubirous avec la « belle dame » à la Grotte de Massabielle. Elle est née dans une famille très pauvre et étant l'aînée, elle a pris la responsabilité de s'occuper de ses frères et sœurs alors qu'elle était elle-même encore très jeune. Elle n'avait pas d'autre éducation que les enseignements catholiques qu'elle étudiait le soir.

« La famille Casterot travaillait au Moulin Boly depuis 1756 et l'acheta un jour pleinement. Mais le 1er juillet 1841, leurs plans sont dramatiquement bouleversés lorsque Justin Casterot est tué dans un accident de charrette, laissant une femme, quatre filles et un petit garçon. Sa veuve Claire, incapable de gérer seule le moulin, décide qu'elle doit trouver un homme pour reprendre le bail. Son choix s'est porté sur François Soubirous, qui travaillait dans un moulin voisin et qui était encore célibataire à trente-quatre ans. Il est invité à courtiser la fille aînée Bernadette, « l'héritière» comme c'est la coutume, mais contre toute attente, il tombe amoureux de la sœur cadette, Louise, une jolie blonde de seize ans. François était tellement déterminé que, après avoir tenté en vain de lui faire

changer d'avis, Claire Casterot finit par céder. Le jour du mariage fut fixé au 18 novembre 1842. Cependant, seule la cérémonie civile eut lieu ce jour-là, car François venait de perdre sa mère ; le mariage religieux est reporté au 9 janvier 1843. Le 7 janvier 1844, Louise donna naissance à une petite fille. Deux jours plus tard, l'enfant est baptisé en l'église paroissiale de St Pierre (démolie en 1905). Elle fut baptisée Marie Bernade, mais serait connue sous le nom de Bernadette. Mais le bonheur du jeune couple fut bientôt assombri par le malheur : une chandelle de suif mit le feu à la blouse de Louise et lui brûla la poitrine, la laissant incapable de nourrir Bernadette. Ainsi, pendant 18 mois, la petite fille est allée chez une nourrice, Marie Lugues, qui vivait avec son mari Basile à Burg House dans le village voisin de Batres. Une « nourrice » était une mère qui venait de perdre son bébé et qui avait encore du lait qui pouvait être donné à un autre bébé.

Le 1er avril 1846, François ramène sa fille au moulin où Louise attend un autre enfant. Le 17 septembre, elle enfanta une seconde fille Toinette. Les Soubirous ad Casterot vivaient désormais à huit dans 3 pièces. Un tel surpeuplement mettait tellement à rude épreuve les relations qu'en 1848, la grand-mère décida de prendre ses autres enfants et de vivre avec sa fille aînée qui était désormais mariée. D'autres malheurs s'abattaient sur eux. En 1849 François fut aveuglé à l'œil gauche par un éclat de pierre alors qu'il travaillait sur une meule... en 1852 leur situation financière s'aggrava. Le moulin est vendu et le nouveau propriétaire décide d'y travailler lui-même...En juin 1854 le couple est contraint de quitter le Moulin Boly» (à Lourdes 1844 Bernadette Nevers 1879, p2-3 Publications MSM. Utilisé avec autorisation)

L'histoire de Bernadette Soubirous est la quintessence de l'humilité et de l'amour pour le Christ qui a touché les cœurs pendant de nombreuses générations et provoqué la conversion de millions de personnes du monde entier. Cette histoire ne serait pas complète si elle n'avait pas commencé avec le fait que Bernadette est tout à fait le produit de l'arrière-plan que ses parents lui ont donné lorsqu'elle était enfant : une foi profonde enracinée dans la famille priant ensemble et avec leur vie entièrement immergée dans l'amour que François et Louise Soubirous, le père et mère de Bernadette se sont donnés ainsi qu'à sa famille et ses frères et sœurs. A mon avis, le rôle joué par Louise et François Soubirous n'a pas été suffisamment reconnu, l'accent étant presque toujours mis sur Bernadette elle-même. Lors de sa première rencontre avec Notre-Dame à la Grotto de Massabielle, nous apprenons que Bernadette pouvait déjà réciter le Saint Rosaire comme une fille d'environ 14 ans et qu'elle avait en fait son Rosaire avec elle lors d'une sortie pour ramasser du bois pour le feu de famille. Combien de jeunes (ou d'adultes ?) de nos jours sont capables de réciter le saint Rosaire sans livre de prières ? Combien d'entre nous sont capables d'afficher publiquement le saint Rosaire sur nos personnes ?

À travers l'appel passionné de la pénitence de Notre-Dame, nous sommes rappelés dans cette histoire que, comme nous sommes tous pécheurs, nous avons besoin de l'amour et de la miséricorde de Dieu. Et l'amour et la miséricorde se trouvent en abondance illimitée en Dieu Lui-même. "*Voici que je me tiens à la porte et que je frappe, si quelqu'un entend ma voix et ouvre la porte, j'entrerai chez lui et je dînerai avec lui et lui avec moi.*" Apo 3:20. Nous pouvons trouver le salut si nous nous humilions comme la jeune Bernadette. Et à travers les messages de Notre-Dame, nous sommes appelés à être témoins de la Bonne Nouvelle. Notre objectif ultime est d'atteindre le royaume de Dieu dans le ciel. La jeune Bernadette nous attire vers la Bienheureuse Vierge Marie, notre Mère. Grâce à notre Mère, nous trouverons le chemin sûr vers le ciel, car là où la Mère est, le fils y sera aussi. Au Calvaire, Jésus lui-même donne sa Mère à l'usage et nous donne réciproquement à sa mère. Bernadette poursuit ce thème en partageant ouvertement les messages que Notre Dame nous transmet à travers elle. Pour que nous puissions aller à Marie comme notre Mère avec toutes nos joies et toutes nos difficultés parce que une mère écoute ses enfants.

Mes conversations avec d'autres pèlerins lors de divers voyages à Lourdes ont révélé que, sans exception, leurs témoignages montrent la beauté de la miséricorde de Dieu dans leurs récits variés. Chaque pèlerin qui m'a fait part de ses témoignages a eu son moment déclencheur de son « experience de Lourdes » unique sous la forme d'une voie intérieure qui lui a parlé ou d'une rencontre qu'il a vécue. « *Si aujourd'hui tu entends sa voix, n'endurcis pas ton cœur.* » Ps 95 : 6-7. Mais comme le père Mark Chikuni CSsR l'a fait remarquer une fois dans une homélie : " *nous ne devrions pas toujours rechercher des processus de cause à effet dans la prière car parfois Dieu choisit simplement de garder le silence lorsque nous demandons ou sommes dans des situations* où nous recherchons une intervention divine. Il réponds cependant toujours à sa manière, à son heure. Car il sait ce qui est le mieux pour nous et parfois ce que nous demandons n'est **pas** ce dont nous avons besoin.*"* Bernadette était patiente et attendait les grâces de Dieu. Elle savait que les intentions de Dieu étaient les meilleures pour elle. Elle ne s'est pas sentie humiliée par les instructions de creuser de la boue pour créer la source, ni de boire l'eau boueuse ni de s'y laver en présence de multitudes très sceptiques, dont certaines étaient en fait en colère contre elle. Le dessein de Dieu était avant tout. Pouvons-nous mettre le dessein de Dieu au-dessus de tout face à des situations humainement embarrassantes? Plaçons-nous le dessein de Dieu au-dessus du nôtre lorsque nous sommes protégés d'un examen minutieux par l'intimité d'être seuls ou derrière des portes closes dans nos maisons.

Nous voyons dans cette histoire que Dieu fait des choses très extraordinaires à ceux qui l'aiment le plus. Comme Padre Pio (1887-1968) Bernadette souffre toute sa vie. Tous deux acceptent leur souffrance humaine comme la grâce que Dieu leur a accordée. Elle grandit avec des maladies symptomatiques de la pauvreté : l'asthme, les déficiences physiques mais gagne finalement la couronne de glorification que seul Dieu donne.

5. LES APPARITIONS

(adapté des combinaisons de divers dépliants d'information, des narrations du guide de pèlerinage au Sanctuaire de Lourdes, des textes des apparitions utilisés avec l'aimable autorisation du site Direct de Lourdes (www.

DirectfromLourdes.com), du Sanctuaire ND de Lourdes, du Pôle Communication (Les apparitions (lourdes-france.org) et le livret A Lourdes 1844 Bernadette Nevers 1879 MSM Publications)

La Première Apparition Jeudi 11 février 1858 : Première rencontre. Après le dîner du jeudi précédant le mercredi des Cendres, la mère de Bernadette a dit à ses enfants qu'il n'y avait plus de bois de chauffage dans la maison. Bernadette et sa sœur Toinette et une amie se sont rendues au bord du Gave pour ramasser du bois de chauffage. Mais pour ce faire, elles devaient traverser un canal d'eau froide. Hésitant et craignant de faire une crise d'asthme, Bernadette reste sur la berge et les deux autres filles traversent le ruisseau et ramassent du bois sous la grotte jusqu'à ce qu'elles disparaissent le long du Gave. Dans ses propres mots, Bernadette a décrit la première apparition comme suit,

« *Je suis allé au bord du Gave pour ramasser du bois de chauffage avec les deux autres petites filles. Elles ont traversé la rivière et se sont mises à pleurer. Quand je leur ai demandé pourquoi elles pleuraient, elles ont dit que l'eau était froide. Je leur ai demandé de m'aider jeter des pierres dans l'eau pour que je puisse traverser la rivière sans enlever mes sabots, mais*

ils ont dit que je devrais aussi faire comme elles l'ont fait. Je suis donc alleé un peu plus loin pour voir si je pouvais trouver un endroit pour traverser sans me mouiller les pieds. Je n'ai pas pu alors je suis revenue devant la grotte. Juste au moment où je commençais à enlever mes sabots, j'entendis un bruissement. Cette fois, je levai la tête et regardai vers la grotte. J'ai vu une dame vêtue de blanc : elle avait une robe blanche avec une ceinture bleue et une rose jaune sur chaque pied, de la même couleur que la chaîne de son chapelet. Quand je l'ai vue, je me suis frottée les yeux en pensant que je devais me tromper. J'ai mis ma main dans ma poche pour trouver mon chapelet. J'ai voulu faire le signe de croix mais je n'ai pas pu lever la tête vers mon front: elle est retombée. La Vision a fait le signe de la croix. Puis ma main tremblait: j'essayais à nouveau de faire le signe et cette fois j'y arrivais. J'ai parcouru mon chapelet; la Vierge passa son chapelet dans ses chiffres mais ne remua pas les lèvres. Quand j'eus fini mon chapelet, la vision disparut soudainement. J'ai demandé aux deux autres filles si elles avaient vu quelque chose et elles m'ont répondu que non"
(A Lourdes 1844 Bernadette Nevers 1879, p8 publication MSM. (Utilisé avec autorisation)

En réalisant qu'elle seule avait vu l'apparition et non sa sœur ou son amie, elle leur a demandé de ne dire à personne ce qu'elle avait vu. Toinette, qui n'a pas su garder un secret, a raconté à leur mère Louise Souborious. La mère de Bernadette l'interroge et lui interdit de retourner à la grotte.

La deuxieme apparition
Dimanche 14 février 1858: Eau bénite

La deuxième fois que Bernadette est allée à la grotte (interdite au début par sa mère) était un dimanche et elle a ressenti une envie intérieure d'y retourner. Après la messe, sa sœur et son amie ont de nouveau demandé à la mère de Bernadette et elle leur a donné la permission d'y aller.

L'apparition a eu lieu entre environ midi et environ 14 heures. Après que Bernadette eut récité la première dizaine du chapelet, la dame apparut. Bernadette a demandé à la dame de rester si elle venait de Dieu et l'a aspergée d'eau bénite (certains récits disent que Bernadette a plutôt vidé la fiole d'eau dans le sol car elle ne croyait pas que la dame était un mauvais esprit, faisant sourire la 'belle dame'). Elle avait recueilli l'eau bénite de la paroisse. La dame a seulement répondu avec un sourire et a baissé la tête mais n'a pas parlé. Bernadette était immobile et, l'œil fixé sur la grotte, se mit à réciter son chapelet. Lorsqu'elle eut fini de réciter le chapelet, la dame disparut. En raison de l'immobilité de Bernadette, elle a été ramenée au moulin où elle a repris pleinement conscience et a été méprisée par sa mère "de ne plus jamais revenir".

La troisième apparition
Jeudi 18 février 1858 : La dame parle pour la première fois.
Bernadette n'est pas revenue à la grotte les 15, 16 et 17 février et aucune apparition n'a eu lieu. Le 18, Bernadette était accompagnée de quelques personnes de confiance à la grotte, les villageoises Jeanne-Marie Milher et Antoinette Peyret. Pour la première fois, le 18 février, la dame a parlé à Bernadette. Bernadette avait apporté un stylo et un papier à la grotte et avait demandé à la Dame : " *Quel est ton nom et*

qu'est-ce que tu veux de moi?" La dame a souri et a dit "*il n'est pas nécessaire que vous écriviez ce que j'ai à dire.*" mais a demandé une faveur à Bernadette "*Voudrais-tu revenir les 15 prochains jours s'il vous plaît?*" Bernadette a accepté. La dame a également dit à Bernadette " *Qu'elle ne pouvait pas me promettre de me rendre heureuse dans ce monde mais dans l'autre.*"

La quatrième apparition, vendredi 19 février 1858: La première bougie

La 4ème apparition s'est produite à l'heure matinale du vendredi matin. Bernadette est allée à la grotte avec sa mère, sa tante Bernadette et 10 autres personnes tenant toutes une bougie pour se protéger. Peu de temps après Bernadette ait commencé à réciter le chapelet, tout le monde s'est rendu compte que son visage s'est transfiguré et illuminé. Ensuite, Bernadette a dit que la dame lui avait demandé de laisser sa bougie à la grotte. Elle a dit qu'elle avait dit à la dame "*c'est ma tante et je lui demanderai, et si elle dit oui, je le ferai*". C'était l'origine de la pratique consistante à apporter et porter des bougies et à les allumer devant la Grotte. Il y a maintenant l'enclos des bougies où les pèlerins placent des bougies et prient pour eux-mêmes et leurs proches et pour toutes les intentions qu'ils apportent.

La cinquième apparition
Samedi 20 février 1858 : Silence

A la 5ème apparition une trentaine de personnes étaient présentes, et la nouvelle de Bernadette et de l'apparition faisait le tour du village et d'autres villes et les habitants sont venus par curiosité. Bernadette a dit que la dame lui avait enseigné une nouvelle prière, qu'elle a dit plus tard qu'elle avait récité tous les jours de sa vie. La prière n'a jamais été répétée ou écrite et elle ne l'a jamais révélée à personne jusqu'à sa mort.

La sixième apparition
Dimanche 21 février 1858: "Aquero"
C'était le premier dimanche de Carême avec l'apparition au petit matin. Un grand nombre de personnes de plus de 100 étaient présents et également présent était la police sur ordre de Dominique Jacomet le commissaire de police. Bernadette comme d'habitude récita le chapelet et médita silencieusement. Par la suite, Bernadette a été interrogée par Jacomet et le père de Bernadette (François Soubirous) a dit à Jacomet « *Je vous assure que ma fille n'ira plus à la grotte.*" Bernadette ne parlait que de " AQUERO ", " cette chose " dans le dialecte local. La Belle Dame avait dit à Bernadette à cette occasion de *"prier pour les pécheurs.* " Un médecin local, le Dr Dozous, a déclaré aux personnes réunies qu'il ne pouvait rien trouver d'anormal dans l'état physique de Bernadette, même lorsque son état mental était semblable à la transe. Il a dit qu'il trouvait son pouls normal et que rien n'indiquait une anomalie. Le lendemain, Bernadette est retournée à la Grotte mais la belle dame n'est pas apparue et certains l'ont raillée en disant que la dame avait maintenant peur de la police et était allée ailleurs plus en sécurité.

La septième apparition
Mardi 23 février 1858: Le Secret
Même si Bernadette a été bannie de la grotte, elle est revenue, tenant sa promesse et son rendez-vous avec la

dame. Encore plus de monde sont venus cette fois, plus de 150 personnes dont Jean Baptiste Estrade (inspecteur des impôts), Duffo du conseil municipal, le futur maire de Lourdes, et les officiers de la garnison de l'armée étaient présents. Au cours de l'apparition, l'apparence de Bernadette fut une fois de plus transformée et les hommes présents ôtèrent leur chapeauxs en signe de respect. Bernadette apparaissait à l'écoute et elle était joyeuse et inclinait parfois la tête.

Interrogée par la suite, elle a dit que la dame lui avait confié 3 secrets qui ne la concernaient qu'à elle seule et ceux-ci aussi qu'elle n'a jamais révélés à qui que ce soit.

La huitième apparition
Mercredi 24 février 1858 : « Pénitence »!

La dame s'est adressée à Bernadette en lui confiant un message, en demandant des prières pour la pénitène et 200-300 personnes étaient présentes. La dame dit " *Pénitence! Pénitence ! Pénitence! Priez Dieu pour les pécheurs. Embrassez la terre en signe de pénitence pour les pécheurs!* " La dame dit aussi à Bernadette de manger l'herbe poussant sous la grotte. De cette occasion à chaque fois Bernadette visita la grotte elle répéta le même acte.

La neuvième apparition
Jeudi 25 février 1858: Le printemps

Environ 300 personnes étaient présentes au gotto malgré le temps très mauvais. La dame dit à Bernadette qu'elle devrait aller boire l'eau de la grotte et s'y laver. N'en voyant aucune, Bernadette fut confuse et pensa qu'elle devrait aller boire l'eau du Gave et s'y laver.

La dame la rappela et désigna un endroit juste en dessous de la grotte à gauche. Bernadette a commencé à creuser avec ses mains et à manger les herbes, puis elle a découvert une flaque d'eau boueuse. Bernadette obéit à la dame et continua à gratter le sol jusqu'à ce qu'elle pût boire un peu d'eau, après la quatrième fois sans tenir compte de l'eau boueuse. A la fin de l'apparition, Bernadette dit "*Je ne sais pas pourquoi la dame a disparu*" et elle rentra chez elle. La source a commencé à couler un jour plus tard. Jusqu'à ce jour, on a estimé que les pèlerins puisaient pour emporter ou emporter plus de 30 000 gallons d'eau par jour pendant la haute saison des pèlerinages.

La dixième apparition
Samedi 27 février 1858: Silence
Environ 800 personnes étaient présentes et Bernadette a répété les actes de pénitence en baisant le sol au nom des

pécheurs et en buvant à la source dans sa position habituelle devant la grotte.

La onzième apparition
Dimanche 28 février 1858: L'extase

Plus de 1500 personnes étaient présentes. Le deuxième dimanche du Carême, après la messe, une mauvaise surprise attendait Bernadette. Elle pria, embrassa le sol et se mit à genoux en signe de pénitence. Elle a ensuite été emmenée à la maison du juge Ribes qui a menacé de la mettre en prison et l'a interdite une fois de plus de la grotte mais elle a répondu *"Je n'abandonnerai jamais"*

La douzième apparition
Lundi 1er mars 1858: Le premier miracle

Il y avait plus de 1500 personnes présentes. Le lundi 1er mars, alors qu'il faisait encore nuit, Catherine Latapie qui était venue à pied du village voisin de Loubajac arriva à la Grotte. Elle plongea son bras paralysé dans l'eau de source, après quoi il retrouva immédiatement sa pleine mobilité. Elle s'empressa de partir et plus tard dans la journée, elle donna naissance à son quatrième enfant, un garçon qui deviendrait prêtre. La guérison de Catherine Latapie fut la première guérison miraculeuse à Lourdes. La belle dame a remarqué que Bernadette n'utilisait pas son propre chapelet ce jour-là, ce qui était vrai parce qu'une autre dame, Pauline Sans, lui avait demandé d'utiliser son chapelet à la grotte ce jour-là.

La treizième apparition
Mardi 2 mars 1858: Message aux prêtres
La dame s'adressa à Bernadette et lui demanda: « *Allez dire aux prêtres de venir ici en procession avec le peuple et dites-leur de construire une chapelle, même petite.* » Bernadette raconta cela au P. Abe Peyramale, curé de Lourdes. Mais il n'était pas convaincu et voulait connaître le nom de la dame. Il exigea un autre test si elle était vraie: voir fleurir le rosier sauvage de la grotte en plein hiver. Le Père Peyramale a traité Bernadette de menteuse et lui a dit qu'elle ne devait jamais retourner à la grotte. Puis il lui a dit de quitter son presbytère. Bernadette n'a pas abandonné et est revenue une fois de plus avec un des amis prêtres et a répété ce que la dame lui avait dit. « *Va dire au curé de venir ici en procesions et dis-leur de construire une chapelle ici.* » *Une chapelle! un cortège! Pauvre enfant, c'est tout ce dont vos histoires avaient besoin.* " Puis d'un ton sec, il dit: " *Demandez à cette dame son nom et quand nous le saurons, nous construirons un sanctuaire!*

La quatorzième apparition
Mercredi 3 mars 1858: Un sourire
Vers 7 heures du matin, Bernadette arrive à la grotte en présence d'environ trois mille personnes mais la vision n'apparaît pas. Après l'école, elle a entendu une invitation intérieure de la Dame. Elle est allée à la Grotte et lui a demandé de nouveau son nom. La réponse n'était qu'un sourire. Le curé lui dit à nouveau: *Si la Dame souhaite vraiment qu'une chapelle soit construite, alors elle doit nous dire son nom et faire fleurir le rosier de la grotte.*
Le rosier était l'endroit où se tenait la dame à la grotte lorsqu'elle venait parler à Bernadette.

La 15ème Apparition Jeudi 4 mars 1858: Le jour tout ce que nous attendons

La foule toujours plus nombreuse savait que c'était le dernier des 15 jours que Bernadette avait promis la dame qu'elle serait présente à la Grotte et tous attendirent à la fin de cette quinzaine. La vision était silencieuse. Bernadette a de nouveau demandé son nom à la dame mais la dame n'a souri qu'une fois de plus. Ensuite Bernadette a dit à la foule qu'elle continuerait à venir au Grotto car la belle dame ne lui avait pas fait ses adieux. Bien que la foule l'ait vue transfigurée avec un éclat ils n'avaient pas pu partager ses experiences et les interactions avec la dame et n'avaient rien entendu de leurs conversations.

La 16ème apparition (Le nom que tous attendaient) Jeudi 25 mars 1858 Immaculée Conception.

La 16ème Apparition a eu lieu le 25 mars, fête de l'Annonciation. La vision révèle enfin son nom mais le rosier sauvage sur lequel elle se tenait lors des apparitions n'a pas fleuri. (Celui que le curé avait demandé à la dame de faire fleurir en hiver en signe de qui elle était) Le récit de Bernadette. *Elle a étendu ses bras vers le sol puis les a rejoints comme pour prier et a dit que* **Que soy era Immaculada Concepcioiu** "(Je suis l'Immaculée Conception) La jeune visionnaire est partie et a couru jusqu'au presbytère de Paroisse répétant continuellement ces mots quand elle ne comprenait pas pour qu'elle ne les oublierait pas. Ces mots troublaient le curé car il savait que Bernadette ne pouvait pas comprendre l'expression théologique en connaissait le sens et ne pouvait-elle même pas les avoir entendus auparavant. Il n'avait été attribué à la Sainte Vierge que quatre ans plus tôt en 1854 par le Pape Pie IX qui avait déclaré cela un dogme de la foi catholique. Bernadette a dit que "*j'y suis allée quinze jours et tous les jours j'ai demandé à la dame qui elle était mais ces questions ne font que la faire sourire.*" Interrogé par un spectateur, "*êtes-vous absolument certain de cela?*", Bernadette a répondu "*Oui.*"

Apparition XVIIe
mercredi 7 avril 1858:Le miracle de la bougie
Le médecin de la ville Dr Pierre Romaine Dozous a observé les apparitions avec un certain scepticism même s'il croyait intérieurement à Bernadette et savait qu'elle était authentique et qu'elle n'était pas du genre à inventer des histoires folles. Il a rassemblé toutes les preuves et a décidé d'écrire un article de journal médical expliquant que l'on peut avoir des illusions ou des hallucinations sans être fou et que Bernadette n'était pas folle. L'apparition a eu lieu entre Bernadette et la Vierge Marie vers 5 heures du matin sans aucune conversation et il a été rapporté que Bernadette semblait être encore plus profonde que d'habitude dans une transe. Depuis la première fois que la dame lui avait demandé d'apporter une bougie à la grotte, elle l'avait toujours fait. Des centaines de personnes ont assisté à l'apparition. C'est à ce moment-là que le miracle de la bougie s'est produit. Bernadette était agenouillée et récitait ses prières habituelles avec un chapelet tout en le tenant dans leur main gauche et dans sa main droite une grande bougie allumée. Pendant que Bernadette faisait ses prières, elle s'est soudainement arrêtée et a rejoint sa main droite avec sa main gauche, la flamme de la grande bougie passant entre ses doigts alors qu'elle la protégeait de la forte brise autour d'elle. La flamme de la bougie n'a pas brûlé ni laissé de traces sur le peau de Bernadette. Au bout d'une

quinzaine de minutes, Bernadette se dirigea vers la partie supérieure de la grotte. Lorsque Bernadette et l'apparition ont terminé, le Dr Pierre Romaine Dozous a demandé à Bernadette de montrer sa main gauche pour examen. Il n'y avait aucune trace de marques de brûlure sur ses mains. Il a ensuite demandé à une autre personne de tenir la bougie et de la rallumer et de la lui passer. Dr Dozous a réagi à la combustion de la bougie puis l'a mise sous la main de Bernadette et elle a instantanément retiré sa main disant que "*tu me brûles*", cela a été confirmé par des centaines de témoins oculaires. L'accès du public à La Grotte a été arrêté du 8 juin au 1858 et les visiteurs intrus ont été condamnés à une amende et des gardes ont été postés pour protéger la grotte.

La dix-huitième apparition.
Vendredi 16 juillet 1858: L'Apparition Finale
A plusieurs mois d'intervalle et après avoir reçu la Sainte Communion à la messe de la fête de Notre-Dame du Mont-Carmel, Bernadette a ressenti une envie irrésistible de retourner à la grotte. La Grotte était encore barricade. Bernadette a dû prendre une autre route pour entrer dans La Grotte de l'autre côté de la rivière. Agenouillée devant la clôture au bord de la rivière, Bernadette a dit que *« Je pensais que j'étais à la grotte comme je l'ai vu les autres fois. Je n'ai vu que Notre-Dame. Elle était plus belle que jamais. »* Agenouillée dans l'herbe à l'endroit sacré habituel, l'Immaculée Conception apparaît une dernière fois à Benoît et la dame ne dit rien à cette dernière occasion. La grotte a ensuite été rouverte au public en octobre 1858 sur ordre de l'empereur Louis Napoléon III. Ce fut la fin des apparitions de Notre Dame et de Saint Bernadette.

6. Réflexions sur quelques messages de Notre Dame (Mai Mariya) à Bernadette.

« Voudriez-vous venir ici pendant quinze jours » (3ième apparition)
Au-delà du message de dire à Bernadette de retourner à la Grotte pour la prochaine quinzaine, il y a aussi un message plus profond de notre dame qui nous rappelle tous à Dieu de nos manières pécheresses. La quinzaine peut aussi être figurative. Cela peut être la quinzaine habituelle, une semaine, un an, une décennie ou toute une vie lorsque ce message nous est renvoyé. Notre dame parle à Bernadette avec amour portant toujours un sourire sur son visage avec persuasion et compassion dans son cœur et son comportement. La Bienheureuse Vierge Marie telle que nous la connaissons ou comme nous devrions la faire, elle porte le message de nous détourner du péché, car, en tant que bonne mère, elle se soucie elle-même de ses enfants égarés. La quinzaine dans un sens représente la vie temporaire que nous vivons ici sur Terre qui si nous retournons à Dieu à travers Notre Dame ce quinzaine nous rendra digne des promesses du Ciel.

Dans un autre sens, cela peut aussi représenter un signe que notre dame appelait déjà Bernadette pour se préparer au grand rôle qu'elle allait jouer en faisant de Lourdes l'endroit spécial qu'il est maintenant devenu . Là où des gens du monde entier viennent et reviennent encore et encore, chaque quinzaine. Bernadette a répondu par l'affirmative que Marie a fait à l'Annonciation et a ensuite continué à marcher sur le chemin de la sainteté pour le reste de sa vie. Même si vous ne vous rendez pas physiquement à Lourdes, aller à la rencontre de Notre-Dame par la prière, le chapelet, les bonnes actions, etc. Est-ce que vous et moi retournerons à la grotte pour une « quinzaine »?"

"Je suis l'Immaculée Conception" 16ème apparition.
Notre-Dame met beaucoup de temps à se révéler à Bernadette en disant seulement qui elle est à la 16e apparition juste 2 apparitions avant la dernière apparition à Bernadette. La persistance telle que celle montrée par Bernadette à vouloir savoir qui était la "*jeune femme*" et son retour répété (presque obstinément) à la Grotte pour la rencontrer (Aquero) est une grande leçon que nous devons apprendre. Notre dame est humble. Elle ne se vante pas de qui elle est. Elle est sympathique et toujours souriante, elle tient toujours et prie le chapelet. Mais notre dame est claire sur qui elle est. Elle déclare qu'elle est l'Immaculée Conception d'une manière confiante. Sans équivoque et ne laissant aucun doute sur qui elle est. Et pourtant beaucoup ne croyaient pas au départ que c'était elle qui s'était montrée à Bernadette. Même l'Église a mis longtemps à croire. Dans nos vies, peut-on rencontrer Jésus et ne pas le reconnaître ?

L'évangile de Matthieu nous enseigne: "*Ceux qui ont fait la volonté de Dieu lui répondront alors: "Seigneur, quand t'avons-nous vu affamé et t'avons-nous donné à manger, ou assoiffé et t'avons-nous donné à boire? Quand t'avons-nous vu étranger et t'avons-nous accueilli chez nous, ou nu et t'avons-nous habillé? Quand t'avons-nous vu malade ou en prison et sommes-nous allés te voir?" Le roi leur répondra: "Je vous le déclare, c'est la vérité: toutes les fois que vous l'avez fait à l'un de ces plus petits de mes frères, c'est à moi que vous l'avez fait."*

Mt 25:31-40. Certains étaient jaloux que notre dame se soit montrée à Bernadette

Une des sœurs du couvent de Ste Gildard maltraitait Bernadette à Nevers parce qu'elle était en colère que notre dame ait choisi de se montrer à une fille une maladive sans instruction et pas elle. Pourtant, Bernadette ne lui en voulait jamais. Dans nos vies, nous devons faire attention à ne pas trop juger les autres. Car ce ne sont peut-être que les cas où nous pouvons rencontrer le Seigneur sous la forme de pauvres, de malades, d'infirmes, de personnes déficientes ou même de ceux qui nous haïssent et nous donnent du fil à retordre. Est-il possible que le Seigneur visite Lourdes encore et encore sous la forme de ces multitudes de personnes alitées et en fauteuil roulant, celles qui ne peuvent plus parler ou s'aider elles-mêmes qui sont toutes si courantes à Lourdes. Plus proche de la maison. Est-ce que Le Seigneur ne visite pas vous et moi chaque jour sous la forme de personnes et de situations qui nous présentent des dilemmes d'inconfort, désagréables et tout ce qui n'a jamais semblé simple dans nos vies?

« Je ne promets pas le bonheur dans ce monde mais dans l'autre monde » 3ième **Apparition**
Ceci est un message pour nous que nous devrions regarder au-delà des choses du monde. Jésus a fait une promesse similaire à ses disciples. *"Tu seras triste mais ton chagrin se transformera en Joie"* **Jean 16 :20** Que nous devons continuer à nous efforcer de gagner le prix ultime réservé à ceux qui suivent Dieu tel que raconté par saint Paul. « *Ce n'est pas que j'aie déjà remporté le prix, ou que j'aie déjà atteint la perfection; mais je cours, pour tâcher de le saisir,*

puisque moi aussi j'ai été saisi par Jésus-Christ. Frères, je ne pense pas l'avoir saisi; mais je fais une chose: oubliant ce qui est en arrière et me portant vers ce qui est en avant, je cours vers le but, pour remporter le prix de la vocation céleste de Dieu en Jésus-Christ. **Philippians 3:12-14** Jusqu'au bout pour qu'on puisse mériter de dire "*J'ai combattu le bon combat, j'ai achevé la course, j'ai gardé la foi.*" **2 Timothée 4:7** . Le message de Notre-Dame est un rappel fort et qui donne à réfléchir que *"C'est à la sueur de ton visage que tu mangeras du pain, jusqu'à ce que tu retournes dans la terre, d'où tu as été pris; car tu es poussière, et tu retourneras dans la poussière.* **Genese 3:19**

Va boire à la source et t'y laver

Il y a eu plusieurs premiers miracles qui ont eu lieu au printemps qu'Aquero a montrée Bernadette bien que Bernadette s'est exclue en disant "*le printemps n'est pas pour moi.* Les gens ont été traités de leurs maux et Bernadette a une fois tenu une bougie dans ses mains avec les flammes brûlant à travers ses doigts mais sans qu'elle se brûle. Ces miracles de personnes guéries en se lavant à la source semblent être similaires aux nombreux miracles accomplis par Jésus où les gens ont été invités à se laver dans l'eau, se montrent au prêtre et ainsi être guéris. La pratique du lavage à la source s'est poursuivie avec une zone de morsure immense et étroite comprenant de nombreux compartiments individuels établis à une courte distance de la source. Ici, des centaines et des milliers peut-être des millions de personnes du monde entier viennent chaque année à se baigner et prier dans le cadre de leur pèlerinage à Lourdes. La cérémonie du bain est un processus de prière tel que décrit ailleurs dans ce livre, chaque pèlerin désireux de prendre un bain se voyant offrir la possibilité de prier le

Je vous salue Marie et d'autres prières, puis de dire ses intentions tranquillement dans le cadre du rite du bain. Se laver à la source a à la fois une dimension de guérison physique et une dimension spirituelle et nous ne saurons jamais le nombre de guérisons qui ont eu lieu en allant « *boire à la source et s'y laver* » Certains auraient subi un véritable repentir, d'autres auront enfin trouvé la capacité de pardonner et de se débarrasser des contraintes antérieures de leur passé. D'autres y rencontrent peut-être leur Damas, comme l'a fait saint Paul, et réalisent une conversion pleine et vraie. D'autres peuvent ressentir la contrition qu'ils n'ont pas réussi à atteindre pendant si longtemps. Peut-être que certains sont pris de cette terre immédiatement après avoir visité les bains. Peut-être cet après-midi, peut-être ce soir-là ou le lendemain. N'importe quand. Mais sur quoi les paroles du pèlerin qui dit à Sr Generosa à la fin d'une nuit de procession aux flambeaux." *Sœur, nous nous rencontrerons au ciel* " trouvent une autre occasion appropriée pour l'accomplissement car il était peu probable que la rencontre fortuite de ce soir parmi les multitudes se reproduise jamais sur terre. De même les gens de foi qui viennent ici ne savent jamais si c'est le dernier jour, mais tout le monde vient avec espoir. Pour la miséricorde de Dieu qui réside ici.

"Allez manger l'herbe que vous y trouverez (9ème apparition)
Manger de l'herbe peut symboliser faire ces choses qui sont inacceptables pour nous, des choses ou des activités humiliantes. Bernadette a mangé l'herbe devant des foules immenses dont certains se moquaient ouvertement d'elle, désapprouvant ou concluant qu'elle était folle. Comparez cela avec Jésus humilié par l'arrestation, la couronne

d'épines, les moqueries et la flagellation et finalement crucifié comme un criminel au Golgotha. L'une des actions pratiques similaires à manger de l'herbe que nous pouvons prendre aujourd'hui peut être de faire preuve de contrition au sujet de nos transgressions, en cherchant le renouveau par le sacrement de réconciliation et en nous excusant auprès de ceux à qui nous avons fait du tort. Bernadette n'avait rien fait de mal pour mériter de manger de l'herbe à la source. Mais elle l'a fait et elle a pris l'acte déplaisant de manger de l'herbe en buvant de l'eau boueuse et en se couvrant le visage pour le repentir des pécheurs comme toi et moi. Jésus aussi n'avait rien fait de mal mais il a offert sa souffrance pour nous sur la croix. Dans la vraie vie, en particulier dans la vie conjugale, avec deux personnes d'horizons différents qui se réunissent, ils peuvent être une partie impénitente ou peu disposée à devenir un pacificateur. Parfois, la partie qui est innocente peut devoir assumer le rôle de pacificateur ou sembler être celle qui a tort pour le plus grand bien et offrir des prières pour que Dieu intervienne pour que les choses fonctionnent. Dans notre vie quotidienne, acceptons-nous de manger l'herbe et de boire l'eau boueuse qui vient à notre rencontre? Ou pouvons-nous?

"Allez dire aux prêtres d'y construire une chapelle, même très petite et amenez les gens en procession" (14e Apparition)
Explique le rôle de direction spirituelle des prêtres, des évêques et des religieux. Notre-Dame énonce les rôles du clergé en tant que chefs spirituels et qui, en tant que bergers, doivent conduire leur troupeau au brin, renforcer les paroles du Seigneur. *"mais celui qui boira de l'eau que je lui donnerai n'aura jamais soif, et l'eau que je lui donnerai*

deviendra en lui une source d'eau qui jaillira jusque dans la vie éternelle." **Jean4:14**

Seuls les gens en harmonie peuvent se déplacer à l'unisson en procession. La Bienheureuse Vigine Marie nous prêche l'unité et se dirige vers son fils Jésus-Christ. Un grand spectacle d'humiité que je demande juste une petite chapelle. Aujourd'hui, deux basiliques (les basiliques du Rosaire et de l'Immaculée Conception avec de nombreuses chapelles à l'intérieur) se dressent magnifiquement au-dessus de la source et une autre basilique souterraine St Piu X à proximité. La construction de la chapelle permettrait aux prêtres de célébrer la messe pour le peuple et d'y exposer le Saint-Sacrement pour l'adoration. Toutes les demandes très réfléchies et priantes faites par la jeune Bernadette et que l'Église dans sa sagesse n'a ménagé aucun effort implémenter. Pour que les gens puissent bien expérimenter la miséricorde du Cœur de Dieu qu'est Lourdes. Lourdes est désormais dotée de nombreuses églises et chapelles pour que les multitudes puissent adorer et méditer.

'Priez Dieu pour les pécheurs : Pénitence, pénitence, pénitence (6e et 8e apparitions)
Le message de repentance est répété en soulignant son importance pour atteindre le Ciel.

7. RÉFLEXIONS DE QUELQUES CITATIONS DE SAINTE BERNADETTE

(Citations de Bernadette de In Lourdes 1844 Bernadette Never 1879, MSM Publications et citations affichées au Musée St Bernadette à Nevers."

Je l'ai regardée autant que j'ai pu. Elle me regardait comme une personne parlant à une autre personne. " Bernadette parle de la Belle Dame qu'elle a également appelée 'Arquero' soulignant la relation amicale profonde qu'elles partageaient.

"*Pour qui me prenez-vous? Je sais que si la Sainte Vierge m'a choisi, c'est parce que j'étais le plus ignorant. Si elle en avait trouvé un plus ignorant que moi, elle l'aurait choisie."*

Bernadette interpelle les habitants de Lourdes et défend l'authenticité de ses rencontres avec Notre-Dame…. et son humilité en affirmant qu'elle n'avait pas été choisie pour d'autres vertus que son humilité et que cela aurait pu être en fait n'importe qui d'autre. Face à de réelles opportunités de se faire un grand nom, peut-être la gloire et la fortune, Bernadette est restée fermement ancrée dans la réalité, refusant de laisser la chance d'une célébrité instantanée lui monter à la tête. Combien d'entre nous peuvent supporter et résister aux tentations mondaines de la même manière que Bernadette l'a fait?

« *J'aime m'occuper des pauvres. J'aime m'occuper des malades. Je resterai chez les Sœurs de Nevers.*»
Bernadette partage le fil de miséricorde et de charité qui a été porté par de nombreux saints que nous apprenons. Le sentiment des pauvres, des faibles, des vulnérables remonte aux Béatitudes et même avant celui prêché par Jésus au Mont des Béatitudes en Galleria et répété de nombreuses fois dans les Saintes Ecritures. Bernadette est d'origine très modeste. Mais pour la majorité d'entre nous, la tendance

est souvent d'échapper au cycle de la pauvreté lorsque la moindre opportunité se présente. Bon nombre des pires dirigeants et oppresseurs de l'histoire sont généralement et typiquement issus de milieux pauvres et leurs comportements semblent être ceux de la rébellion contre leurs origines humbles d'autrefois. Cette malédiction n'affligeait pas Bernadette.

"*Je suis le balai utilisé par la Vierge. Que faites-vous avec un balai après avoir fini de l'utiliser? Vous le mettez derrière la porte: C'est ma place, j'y resterai.* " Une humilité explicite et sans précédent.

"La grotte était mon paradis" Se référant à combien elle aimait aller à la Grotte et y passer du temps. C'est la grotte de St Gildard, Nevers et Bernadette aurait remarqué que la statue de Notre Dame à cette grotte (qui encore est là à ce jour) ressemblait le plus à la belle dame qu'elle avait l'habitude de rencontrer à Massabielle à Lourdes que toutes les autres statues qu'elle avait vues.

« *Je n'oublierai personne.*" Refléter son amour profond pour les autres et comment, par conséquent, servir les autres était un attribut naturel de la sienne.

« *Je pensais que Dieu le voulait! Quand vous pensez que Dieu l'a permis, vous ne vous plaignez pas.*" Malgré de graves maladies, des douleurs et des blessures visibles autour de ses genoux, elle a continué à accomplir ses tâches en récurant les sols du couvent et d'autres travaux qui lui étaient assignés à l'infirmerie jusqu'à ce qu'il lui devienne physiquement impossible de continuer sans se plaindre.

"La passion me touche plus quand je la lis que quand quelqu'un me l'explique."

" Je n'ai pas pour instruction de vous le faire croire. J'ai pour instruction de vous en parler." Reposant hardiment aux personnes qu'elle racontait les messages de ses rencontres avec 'la belle dame' et inscrivant fermement le message de Lourdes dans leur cour. Jésus seul dans un but. Jésus seul comme Maître. Jésus seul comme guide. Jésus seul pour les richesses. Jésus seul pour ami. Semblable à Jean le Baptiste proclamant, "*Il doit augmenter, je dois diminuer.*" **Jean 3:30**. Le serviteur ne doit jamais être plus grand que le maître. Ce sens strict et profond du service et de la soumission est peut-être l'une des raisons pour lesquelles des millions et des millions de personnes affluent encore vers le sanctuaire sacré de Lourdes.

"Accepte chacune de mes larmes, chacun des cris de ma douleur comme supplication pour ceux qui souffrent, pour tous ceux qui pleurent pour ceux qui t'oublient."

"Je suis moulu comme un grain de blé."
Une comparaison probable avec sa fille de meunier puisque son père travaillait au moulin de Bolly. Bernadette se compare à un grain de blé moulu en farine. Un grain de blé n'a nulle part où s'échapper dans le moulin et il devient alors une source de vie en tant que produit alimentaire. Peu importe qui il va nourrir car il accomplit ses tâches en tant que nourriture. Ce beau message nous appelle à nous sacrifier nous-mêmes dans la réalisation d'actes de bienfaisance sans regarder qui sont les bénéficiaires ultimes. Le concept de charité évoque ici aussi l'image de la pauvre

femme qui se tenait au fond du temple et faisait l'offrande des deux pièces qu'elle possédait sans chercher à se faire remarquer.

"Si le grain de blé tombé dans la terre meurt, il donne des fruits abondants."
En tant qu'enfant de parents agriculteurs, je m'identifie pleinement à cette affirmation. Bernadette continue avec l'imagerie d'un grain de blé. Assez souvent nous utilisons des exemples de vie qui sont fondés sur notre propre contexte et ce qui nous est familier. Ce qui est significatif, c'est que le grain de blé qui tombe au sol n'est pas gaspillé mais joue un rôle différent de celui consommé car il est toujours source de vie. Dans son processus de vie ultérieur, il se multiplie pour produire beaucoup plus de céréales qui nourrissent l'humanité. Il s'agit d'une prédiction probable sur elle-même, car ce qui allait se passer lorsqu'elle mourrait se retrouverait avec tant de personnes visitant maintenant le Saint Sanctuaire de Lourdes et la conversion qui l'accompagne. *"Et dès que le fruit est mûr, on y met la faucille, car la moisson est là."* **Marc 4:29**

"Il est tout ce dont j'ai besoin."
Une exultation qu'il ne faut pas chercher à beaucoup de choses dans la vie mais se contenter de ne chercher que Dieu. St Alphonsus nous encourage, *"Que ta pratique constante soit de t'offrir à Dieu pour qu'il fasse de toi ce qu'il lui plaira …Puisque ses délices sont d'être avec vous, que les vôtres soient trouvés en Lui."*

Nous devons aimer sans mesure
Nous ne devons jamais douter de Dieu ou demander ce que vous obtiendrez en retour L'ancien Président américain JFK Kennedy a fait remarquer que, *"Ne demandez pas ce que votre pays peut faire pour vous, mais ce que vous pouvez faire pour votre pays."* Aimer sans mesure implique aussi un pardon infini, un pardon inconditionnel, un amour sans limite.

"Jésus seul pour Maître."
Nous ne devons pas avoir d'autres maîtres ni aller vers de faux prophètes, si nombreux à l'époque et qui prêchent passionnément et sans vergogne l'évangile de la prospérité terrestre en exploitant ceux qui jettent naïvement très peu de biens matériels qu'ils ont à ces faux prophètes. Ne vous considérez pas non plus comme le maître même si tout va bien pour vous. Vous devez toujours savoir qui vous a donné ce que vous avez aujourd'hui. Toutes les déclarations de Bernadette sont des expressions d'humilité, mettant Dieu avant tout. Un autre élément chez Bernadette est de ne pas abandonner. Elle n'a pas été crue au début mais a persisté. Nous voyons une persistance constructive, retournant à plusieurs reprises à la Grotte malgré la désapprobation et le cynisme de la famille et de la communauté.

Un autre élément de Bernadette est de faire face à l'adversité. Elle manquait d'éducation formelle, était elle-même de mauvaise santé et venait d'une famille connaissant des circonstances sociales et économiques déprimées. Elle a été renvoyée de sa famille d'abord en tant que bébé pour être nourrie, puis en tant que jeune fille pour travailler afin que la famille ait «une bouche de moins à nourrir» et pourtant elle ne s'est pas déconnectée de la famille ni n'a gardé d'amerture en grandissant. Être maladive dès la naissance, humiliée publiquement à la Grotte, testée par Notre-Dame de diverses manières, notamment devoir manger de l'herbe et boire de l'eau boueuse en public ne semble pas l'avoir négativement affectée.

"Je suis venu me cacher (avec Jésus pour Dieu)"
Bernadette a évoqué son déménagement à Nevers, loin de la publicité que Lourdes lui avait donnée. On dit que lorsqu'elle entra au couvent de St Gildard à Nevers, pendant les 13 ans qu'elle y fut, elle n'en sortit qu'à sa mort même lorsque François son père bien-aimé ou sa mère mourut. Une fois, un journaliste s'est rendu au Couvent de Nevers pour l'interviewer. Elle a répondu par inadvertance et lorsque le journaliste l'a demandée, elle lui a dit d'attendre pour qu'elle puisse aller appeler Sr Marie Bernade comme on l'appelait alors. Elle a ensuite demandé à une autre sœur d'aller à la porte pour s'occuper du journaliste et est restée à l'écart des journalistes qui s'enquéraient. Elle était venue à Nevers pour se cacher et être avec le Christ.

"Aide-moi à remercier Dieu jusqu'à la fin."
C'est aussi un avertissement pour ne pas échouer au dernier obstacle. Un mot d'avertissement pour nous tous. Comme souligné dans l'Apocalypse sur la gloire de Dieu. Nombreux sont ceux qui mènent une vie de droiture pour ensuite jeter tout le bon travail à la toute fin.

"Sainte Marie, Mère de Dieu, priez pour moi pauvre pécheur.." La Bernadette demanda à boire. Après avoir fait le signe de croix, elle avala quelques gorgées d'eau, baissa la tête et s'endormit éternellement dans l'après-midi du 16 avril 1879, le mercredi juste après Pâques.

8. UNE JOURNÉE A LOURDES: ENDROITS A VISITER ET CHOSES A FAIRE

Certains volent dans ce lieu saint à l'aéroport de Lourdes. Certains arrivent en train, d'autres en autocar voyageant en groupe. Certains conduisent simplement. De nombreux hôtels locaux à Lourdes proposent des formules pèlerins à la journée ou sur plusieurs jours. Il existe de nombreux hôpitaux, hospices et lieux qui prennent en charge les centaines de milliers de personnes malades et handicapées qui viennent ici.

La plupart des lieux autour de Lourdes sont accessibles à pied, les principales zones de pèlerinage se trouvant peut-être quelques kilomètres carrés que l'on peut parcourir. Il peut être utile de planifier une visite en les répartissant pour des activités pour chaque jour dans le but de tirer le meilleur parti de son temps et de s'assurer que chaque lieu visité peut être fait avec spiritualité et révérence.
Un matin typique, vous pouvez vous lever tôt et vous rendre à la grotte de Notre-Dame pour prier. La grotte est ouverte et accessible à tout moment de la journée. Il y a généralement de longues files d'attente de personnes souhaitant visiter la source d'eau dans la grotte considérée par beaucoup comme étant l'endroit le plus sacré. Ceux qui sont en fauteuil roulant et sur civière ont un accès

direct à la source afin qu'ils ne soient pas obligés d'attendre. Commencer la journée par un petit-déjeuner dans un hôtel et ensuite partir pour la journée ou faire une visite matinale à La Grotte et rentrer à l'hôtel pour le petit-déjeuner entre 6h30 et 9h00. Le déjeuner est servi dans les hôtels à 12h et dîner à 19h. La plupart des hôtels proposent 3 repas 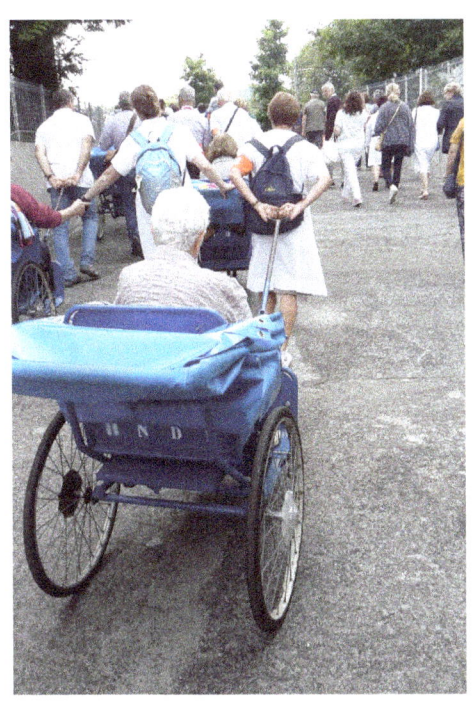 complets par jour: petit-déjeuner, déjeuner et diner. En 2015, lorsque j'ai rendu visite avec ma sœur une religieuse, sœur Generosa, elle m'a demandé d'annuler l'option déjeuner de notre forfait petit-déjeuner-déjeuner-dîner. *"Nous sommes venus ici pour prier et non pour profiter du confort du monde, a-t-elle réprimandé, il suffira que nous ne prenions que le petit-déjeuner et le dîner. Tu sais mon frère, quand tu es en pèlerinage, l'un des éléments en est le don de soi, le jeûne pour t'attirer à Dieu et montrer que tu veux souffrir avec et pour le Christ."*
J'étais déjà dans plusieurs cours depuis que nous sommes partis de notre premier rendez-vous à Paris moi venant d'Essex Londres et elle arrivant directement du Zimbabwe. L'une de nombreuses leçons que je devais apprendre de ma sœur de 73 ans qui a passé toute sa vie à servir Dieu.

Aux repas, nous disions à tour de rôle la grâce et faisions ensuite la prière d'après-repas avant de quitter le restaurant. Lourdes est une place entièrement catholique donc les serveurs de l'hôtel s'arrêteraient toujours et prieraient avec nous s'ils apportaient de la nourriture ou ramassaient de la vaisselle pendant que nous mangions. Après le petit déjeuner, nous allions dans la chambre de ma sœur pour prier et lire les lectures du jour pour le début d'une bonne journée et pour consacrer tout ce que nous faisons ce jour-là au Seigneur.

Messe du matin
Après le petit-déjeuner, nous nous dirigerons vers la chapelle Saint-Côme et Saint-Damien où il y a une messe en anglais tous les jours à 9h, sauf le dimanche ou le mercredi où il y aurait une grand-messe internationale dans la basilique souterraine du pape Pie X de 25 000 places. La messe dans la chapelle Saint-Côme et Saint-Damien dure moins d'une heure et est normalement concélébrée par deux prêtres. La messe internationale dans la basilique dure près de deux heures et est généralement concélébrée par un cardinal ou un archevêque avec des centaines de prêtres, de diacres et de serveurs de masse. Toujours plein à craquer et une expérience vraiment mémorable. Il y a aussi des programmes de messes en d'autres langues dans les basiliques et les nombreuses chapelles chaque jour. Certaines des messes sont spécialement organisées pour les groupes de pèlerinages qui viennent à Lourdes et les organisateurs de pèlerinages organisent à l'avance des messes pour leurs groupes de pèlerinage en plus des nombreuses autres messes communes qui ont lieu chaque jour.

Diverses options de lieux à visiter
Après la messe, nous pouvons nous rendre au centre d'information touristique pour obtenir des informations sur les endroits à visiter. Et nous pouvons visiter n'importe lequel des nombreux endroits tels que la Basilique du Rosaire, La Basilique de l'Immaculée Conception, La Grotte, les Thermes, la Chapelle de l'Adoration, la Chapelle Sainte Bernadette, Le Chemin de Croix. Sr Generosa me dit lors de notre pèlerinage que CHAQUE lieu saint a des stations de la croix et on ne devrait pas terminer un pèlerinage sans faire des stations de la croix. À Lourdes, nous l'avons fait un matin pluvieux alors que nous arrivions à la fin de notre séjour à Lourdes, car nous ne partirions pas sans le faire. Le jour où nous avons prévu d'aller au chemin de croix, il s'arrête littéralement de pleuvoir à la sortie de la messe du matin pendant que nous discutions simplement de la façon dont nous ferions le chemin de croix sous une pluie battante.

Hier, il pleuvait tellement fort que nous avons dû ajuster notre programme de la journée pour ne visiter que des lieux intérieurs tels que la chapelle Adoration, la Basilique du Rosaire et regarder la vidéo de St Bernadette dans le centre d'information. Notre-Dame semble être en charge de tout ce qui se passe ici et a été à l'écoute de nos intentions et ce n'est qu'une des nombreuses choses qui se produisent ici si vous écoutez la voix calme et douce de la Mère. Elle vient de nous ouvrir la voie pour faire le chemin de croix.

Bénédiction quotidienne
Chaque jour à 17h, il y a la Bénédiction dans la Basilique du Pape Pie X. Il est possible de rejoindre la procession de Benediciton en route vers la Basilique ou vous pouvez vous

rendre à la Basilique à l'avance pour attendre l'arrivée de la procession et participer à la Bénédiction. A la fin, vous pourrez vous rendre à votre hôtel pour dîner ou vous promener dans les boutiques, dont beaucoup restent ouvertes jusqu'à 23h environ pour permettre aux pèlerins qui ont passé la journée à visiter des lieux ou à prier l'occasion de récupérer une partie des nombreuses marchandises, objets et sacramentaux disponibles à Lourdes. Les prix dans les magasins peuvent être très larges, bien que beaucoup soient assez comparables et que la qualité des articles soit généralement très bonne. Et vous entendez constamment des références affectueuses à "*Santa Bernadette*" dans chaque magasin. L'expérience de magasinage étant généralement un acte très priant en soi.

Plus tard dans la soirée à 21h, la procession quotidienne aux flambeaux commence dans la basilique du Rosaire. Il commence et se termine là une heure ou une heure et demie plus tard avec la bénédiction. Les pèlerins se retirent ensuite dans leurs hôtels pour se reposer et commencer une autre journée de pèlerinage le lendemain matin.

La Grotte
Vous pouvez vous asseoir ou vous agenouiller à la Grotte, contempler la Grotte en méditant et en vous vidant du silence, en priant le chapelet, en passant un moment calme et paisible à vous connecter avec Notre-Dame à l'endroit où elle est apparue à Bernadette et en regardant l'eau de source s'échapper de la grotte. à flanc de montagne. Ou simplement au repos. Vous pouvez également vous rendre à la Grotte pendant les séances programmées du Rosaire. La Grotte est un lieu public pour tous.

La basilique de l'Immaculée Conception et les chapelles
La basilique de l'Immaculée Conception est construite derrière la basilique du Rosaire juste à côté mais plus haute dans la montagne. Du côté ouest de la place se trouve la basilique du Rosaire avec deux petites tours. Il a été construit en 1889 et en contient environ 4000. A l'intérieur, il y a 15 chapelles dédiées aux mystères du Rosaire (avant les Mystères Lumineux). À l'extérieur de la basilique du Rosaire se trouve la Parade ou Esplanade ou Piazza, un grand espace ouvert où la Procession aux flambeaux commence et se termine chaque nuit.
Les gens viennent dans la basilique du Rosaire pour prier le Rosaire ou juste pour méditer. Parfois, vous remarquerez peut-être une âme assise tranquillement doucement et paisiblement en train de faire la sieste. C'est peut-être les

La Basilique du Rosaire

efforts de leur programme qui ont conduit à la fatigue ou ils ne vont pas bien. Essayez de ne pas les juger. Mais quoi qu'il en soit, ils sont ici en bonne compagnie avec Notre Dame, qui s'occupera de son fils ou de sa fille qui a renoncé à être en sa présence. Les murs peints de l'intérieur de la Basilique sont très joliment réalisés. À l'extérieur de la basilique sur le côté droit lorsque vous faites face à la basilique du Rosaire se trouve la grotte. Ainsi, la basilique du Rosaire est construite presque au-dessus de la source. Ainsi, la basilique du Rosaire et la Basilique de'Immaculée Conception se dressent au-dessus de la source. La Dame dit à Bernadette: « Va dire aux prêtres d'y construire une chapelle, même toute petite et d'amener les gens en procession. » Bon, deux basiliques pour une petite chapelle demandée.

Chapelle de la Réconciliation

Peut-être l'un des premiers endroits à visiter Pour les aveux. « *Pénitence, pénitence, pénitence.*" Libérer son âme pour le pèlerinage. Pour trouver la paix et recevoir le sacrement d'absolution. Les confessions sont disponibles toute la journée à la Chapelle de la Réconciliation non loin de la Grotte et de la Basilique du Rosaire. Dirigé par de nombreux prêtres dans de nombreuses langues différentes.

La statue de la Vierge couronnée sur l'Esplanade
La statue de la Vierge couronnée m'a rappelé de la belle et populaire chanson *Ndiri Mwana wa Mariya* ("Je suis l'enfant de Notre-Dame") *Les meilleures et les plus belles choses du monde ne peuvent être vues ni même touchées - elles doivent être ressenties avec le cœur.* " **Helen Keller.** Cela résume la beauté de la statue qui orne le centre de l'Esplanade. Plus qu'une simple beauté, elle signifie le Cœur Immaculé de Notre-Dame. Une légende largement répandue à Lourdes est que si vous placez une rose sur la statue de la Vierge couronnée au centre de l'Esplanade (Parade), Notre-Dame vous rappellera à Lourdes et vous reviendrez certainement. J'ai placé une rose à ses pieds lors de ma première visite en 2014. Je suis revenu et je suis heureux de devenir un ajout à cette histoire légendaire. Cette année, je prévois de placer deux roses ou plus à ses pieds. Une autre légende est que l'artiste de la statue étant

non-catholique avait placé son chapelet à sa main gauche. Le lendemain matin, après son placement sur l'Esplanade, le chapelet a été miraculeusement placé dans sa main droite.

La procession aux flambeaux
Des milliers de personnes (peut-être cinq, dix, quinze ou vingt mille ou plus) font la queue chaque soir pour cette procession, certaines faisant la queue pendant des heures avant l'heure de début de 21h : ceux qui s'occupent d'eux, les parents avec enfants, les jeunes couples, tout le monde. La vue de tous ces gens est en elle-même un miracle. Nous nous rangeons tous ensemble, les personnes en fauteuil roulant et en civière ayant la préférence à l'avant. Nous allumons nos bougies. La tradition veut que la lumière se transmette de personne à personne à partir de ceux qui conduiront la procession portant la belle statue de Notre-Dame. Pour protéger les bougies du vent, chaque bougie a un couvercle jaune blanc ou bleu sur lequel est imprimé une partie de l'hymne chanté en cours de route, comme *Immaculate Mary* , *Salve Regina* utilisé pendant la procession etc. Le

couvercle, en plus de protéger les bougies du vent, signifiait aussi les mains en coupe que Bernadette tenait sur la bougie sans qu'elle la brûle lors d'une des apparitions. La procession a lieu chaque soir à 21h. son itinéraire d'environ un kilomètre de long a commencé bien avant la Basilique du Rosaire en fonction du nombre de participants chaque jour, puis jusqu'à la porte de Saint-Michel qui serpente vers la Basilique du Rosaire.

Certains malades peuvent parler d'eux-mêmes. D'autres ne le peuvent pas. Certains ne sont plus en état d'être conscients d'eux-mêmes. Mais ils s'alignent dans la file de la procession aux flambeaux organisée par ceux qui les y amènent. Espérer. La procession est un lent voyage de prière sans hâte. Les gens sont encouragés à prier et à chanter dans leur propre langue en revivant l'esprit de la Pentecôte. En fait, le chapelet lui-même est conduit dans autant de langues que peuvent en convenir ceux qui se portent volontaires pour diriger chaque nuit. Camaraderie parmi les pèlerins de toutes nationalités et il semble que vous puissiez comprendre la langue d'un autre d'un pays où vous n'êtes jamais allé.

Allumer des bougies dans l'enclos

A la quatrième apparition, Bernadette dit que la Dame lui a demandé de laisser le cierge à la Grotte. Elle a dit "C'est à ma tante, je vais lui demander et si elle dit oui je le ferai." Bernadette est venue à la Grotte avec une bougie bénie allumée. Cela est à l'origine d'apporter des bougies et de les allumer devant la Grotte et dans l'enclos des bougies. Vous

pouvez acheter des bougies de toutes tailles, des plus petites aux très grandes, qui peuvent devoir être portées par deux personnes ou plus ensemble ! Vous les emmenez ensuite dans l'enceinte des bougies où vous pouvez les allumer et dire quelques prières à voix haute ou en silence et les laisser là pour qu'elles s'éteignent complètement. C'est un site très populaire auprès des pèlerins et ressemble parfois à une sorte de site d'incendie en raison du grand nombre de bougies qui y brûlent en même temps. Le désir d'allumer des bougies et leur nombre reflètent les nombreuses raisons pour lesquelles les pèlerins viennent ici. Les nombreuses raisons pour lesquelles les gens viennent ici semblent en partie reflétées par les intentions exprimées dans les bougies allumées ici.

Lors de mes visites à Lourdes, j'achète toujours des bougies et les amène à les allumer dans l'enceinte à bougies. Si vous le souhaitez, avant d'allumer vos bougies, vous pourriez demander à une multitude de prêtres toujours en soupir de vous bénir avec vos bougies. Peu importe que le prêtre ne parle pas votre langue, ils comprendront toujours votre demande, prieront et béniront vous et vos bougies. Dieu comprend n'importe quelle langue sur cette terre qu'Il a crée.

La chapelle de l'adoration
Dans une prière silencieuse et de longues heures agenouillées, les Sœurs se relaient ici pour veiller continuellement devant le Saint-Sacrement. La Présence Très Réelle du Saint Sacrement est dans chaque Adoration. Et ici à Lourdes, comment le Fils ne peut-il pas être là où est sa mère ? Le tout premier jour de notre pèlerinage avec Sr Generosa, après la messe du matin, elle a dit que le premier endroit où nous devions aller était la Chapelle d'Adoration. Je lui avais montré un programme visiteurs que j'avais imprimé sur le site de Lourdes avant de venir ici. Nous nous sommes donc dirigés vers la Chapelle de l'Adoration. Nous sommes entrés à l'intérieur et étant un dimanche, la chapelle était pleine et nous avons dû attendre sur le chemin de l'entrée que certains pèlerins sortent avant de pouvoir entrer pour trouver de la place à l'intérieur. Quand nous sommes finalement entrés, nous nous sommes agenouillés et avons prié devant le Saint-Sacrement. C'est là que nous avons passé la grande partie du dimanche après-midi. Sr n'était pas pressée d'aller ailleurs. J'avais en tête plusieurs autres endroits à visiter cet après - midi. Malgré le fait que j'étais déjà allé à Lourdes et que je connaissais la géographie et les endroits où nous pouvions aller dans un

ordre que j'avais préparé à l'esprit, Sr semblait savoir exactement quoi faire et dans quel ordre pour les dix prochains jours. J'ai commencé à comprendre. Ma sœur a passé toute sa vie à servir Dieu et sait quelque chose à propos de ces choses. En ce premier jour où nous avons quitté la Chapelle de l'Adoration, il était déjà temps d'aller à la Bénédiction à 17h dans la Basilique souterraine du Pape Pie X.

Les Bains
Les bains sont ouverts tous les jours et se trouvent à quelques pas de la Grotte. "*Allez boire à la source et lavez-vous là-bas.*" Il y a deux sections, une pour les hommes et l'autre pour les femmes. Vous attendez dans la file d'attente et quand vient votre tour, vous changez de vêtements et après vous être déshabillé, vous entrez dans une cabine de bain avec seulement une serviette enroulée autour de vous. Avec les préposés qui semblent très multilingues, ils vous demandent quelle langue vous parlez et vous récitez ensemble le Je vous salue Marie dans l'une des langues que vous êtes d'accord avec eux. Ils vous donnent quelques instants pour dire en silence votre intentions. Vous êtes ensuite plongé dans le bain rempli d'eau glacée provenant directement de la source. Pendant que vous êtes dans l'eau, vous pouvez prier tranquillement et dire vos intentions en silence par l'intermédiaire de Notre-Dame pour son intercession en votre faveur. J'ai trouvé cela une expérience remarquable. J'ai toujours senti que j'avais rejeté une lourde charge de mon corps et de mes blessures intérieures. Je me sentais une nouvelle personne. À l'occasion, je prenais le temps de visiter les bains plus d'une fois au cours du même pèlerinage. Et j'ai promis à Notre-Dame de ne pas retourner au péché comme avant.

Les Mystères Douloureux que je récite reflètent l'atmosphère ici aux Bains. Les malades et les infirmes font déjà une longue file d'attente qui s'étend jusqu'à la Grotte à environ 200 mètres. Je demande à l'un des assistants si c'est toujours le cas tous les jours. « Si, si, c'est comme ça toute la journée" L'homme répond utilement. « *Parfois plus,* » ajoute-t-il. Il lève les yeux, « Sainte Bernadette et Notre-Dame Sainte Bernadette et Notre Dame. Je hoche la tête en signe de compréhension et le remercie. Je vais au bureau à côté et regarde les piles de dépliants soigneusement disposés là-bas. Je vois qu'ils sont dans plusieurs langues différentes mais semblent avoir le même format. Il y a une pile de dépliants en anglais. J'en prends un et demande à l'assistant à qui j'ai parlé quelques minutes plus tôt et lui fait signe de lui si c'est bien d'en prendre un. "*Si, si*!" il m'encourage. Je m'incline en signe d'appréciation et reprend ma place dans la file d'attente. Les hommes de chaque côté de ma file d'attente se déplacent pour me fournir une place pour m'asseoir, tacitement reconnaissance par eux que j'étais assis avec eux et que je ne sautais pas la file d'attente.

Les gens qui sont venus ici, aussi bien ceux qui semblent en bonne santé que ceux qui sont sur des civières et des lits de malades, me touchent au cœur. Chacun souffre d'une manière ou d'une autre comme moi. Ils ont un but d'être ici. Tous ont besoin de la miséricorde de Dieu. Rachat. Un sursis. Espoir renouvelé. Leur condition physique pourrait s'améliorer. Peut être pas. Je me demande ce qui peut se passer dans leur tête. Certains regardent au-delà de ce monde et se concentrent sur *l'autre monde* où Notre-Dame a promis le bonheur à Bernadette ? Le malade et les les malades et les individus en bonne santé individus trouvent ici un dénominateur commun. Nous avons tous besoin de quelque chose que seul Dieu peut donner. Pitié. Ils sont venus au bon endroit, au cœur de la miséricorde de Dieu. Lourdes. Mais personne ne sait si les nombreux miracles dont tout le monde a entendu parler depuis leur arrivée ici s'appliqueront à eux. « Lorsqu'ils s'étaient rassemblés, ils lui demandèrent : « *Seigneur, vas-tu maintenant restaurer le royaume d'Israël ? " Il leur répondit " Ce n'est pas à vous de connaître les temps et les saisons que le Père a établis de sa propre autorité. Mais vous recevrez la puissance lorsque le Saint-Esprit viendra sur vous et vous serez mon témoin à Jérusalem, dans toute la Judée et la Samarie et jusqu'aux extrémités de la terre. "* (**Actes1:6-8**)

Le Haut Chemin de Croix et les 28 marches
J'irai aux hautes stations de la croix au sommet de la montagne où, si vous le souhaitez, vous pourrez les faire en utilisant le récit standard ou en les remplaçant par des prières de méditation d'auto-examen et des questions sur notre vie quotidienne, nos travaux, nos relations qui donnent une pertinence très puissante avec Dieu et avec les autres alors que je prends des engagements de renouvellement sur la vie.

A l'endroit où commencent les gares hautes, il y a 28 marches qui montent à la première gare de la Croix. Beaucoup de gens, y compris moi-même, aiment s'agenouiller à ces étapes une à la fois et réciter des prières et une intention spéciale, puis se lever une étape à la fois et faire d'autres prières et demander une autre intention. Etc. C'est une manière particulière de se donner, de se sacrifier et de souffrir comme notre Seigneur l'a fait en portant et en crucifié plus tard sur la Croix. Cela peut prendre près d'une

heure pour terminer 28 étapes, à la suite desquelles une peut être très douloureuse. Cela peut durer le reste de la journée ou même plusieurs jours si l'on n'est pas habitué à faire de l'exercice régulièrement.
On peut ensuite aller sur le reste du Chemin de Croix. J'ai maintenant trouvé qu'il était préférable de faire les stations et de revenir ensuite pour faire les 28 étapes. En 2015, alors que Sr Generosa et moi étions au pied des 28 marches, une dame est venue nous rejoindre dans une prière silencieuse. Et puis elle a fait la chose la plus merveilleuse. Elle ouvrit le grand sac qu'elle avait et en sortit une grande quantité du plus beau bouquet de fleurs et les déposa aux pieds de Jésus. Elle s'est agenouillée pour prier puis elle est partie. Quelle chose la plus réfléchie et la plus priante à faire! Au premier chemin de croix.

9. LES TÉMOIGNAGES

L'église à ce jour a reconnu environ 70 miracles à Lourdes.
« Ce sont des manifestations physiques. Mais combien de miracles spirituels et d'autres inconnus ont eu lieu là-bas ? Nous ne le saurons peut-être jamais..."
<u>P. Pasquino Panato, notre chef de pèlerinage, mai 2014.</u>

Un miracle eucharistique
(Lourdes juillet 1997)
Toujours émerveillé, ai-je entendu ou lu des épisodes sur la Présence réelle; Pourtant rien n'est comparable à une expérience de première main comme à la chapelle St Joseph de Lourdes;
Quand la cloche a sonné pour la communion et que les communiants se sont précipités vers l'autel; Voilà! Une

dame visiblement en larmes à la joie de rencontrer le Seigneur Eucharistie pour la énième fois! @Benjamin Takavarasha

Son Discours a été restitué à son arrivée à Lourdes
Le 2 mai 2014, lors de mon premier pèlerinage à Lourdes, nous avons voyagé en car pendant un jour et demi pour l'Angleterre avec une dame de notre paroisse sœur voisine qui avait perdu la voix à Noël l'année précédente. Elle était incapable de parler tout au long du trajet et ne pouvait que chuchoter pendant l'entretien. Jusqu'à ce qu'elle nous chuchote son état, nous nous sommes tous demandé si elle souffrait d'un rhume ou d'une grippe sévère. Lorsque nous sommes arrivés à Lourdes, en vue de l'approche de la ville sous nous dans la vallée, elle a soudainement retrouvé sa voix et a pu parler à nouveau pour la toute première fois depuis que nous l'avons rencontrée. Elle a littéralement retrouvé sa voix au moment même où nous avons aperçu la ville de Lourdes alors que nous faisions l'approche finale. Comme moi, c'était aussi la première fois qu'elle venait à Lourdes en pèlerinage. Cela nous a tous à la fois surpris et inspirés au début de notre pèlerinage. La dame concernée était simplement heureuse d'avoir été guérie à Lourdes. Ce fut ma première rencontre directe avec les œuvres de Notre Mère de Lourdes.

Le témoignage de Christine
Le 11 février 2021, le jour de la fête de Notre-Dame de Lourdes, j'ai assisté à la messe diffusée en direct depuis le sanctuaire de Notre-Dame de Walsingham, à Norfolk en Angleterre. Dans le cadre de son homélie, le prêtre célébrant, le père Jean Delaney, a partagé le témoignage

d'une personne qu'il connaît et qui a donné son autorisation pour que ce témoignage soit partagé, d'où son utilisation pendant l'homélie. Immédiatement après la messe, mon frère Benjamin qui suivait également la même messe m'a appelé et m'a dit: « *Avez-vous suivi cette messe?* J'ai dit oui, car je savais déjà de quoi il allait parler car de toute façon, nous suivons tous les deux normalement les messes de Walsingham pendant la pandémie de COVID -19. Ensuite, j'ai contacté le sanctuaire de Walsingham et après quelques jours, Père Jean qui avait célébré la messe m'a contacté. Après quelques jours, j'ai pu obtenir une copie du témoignage de Christine et sa permission de l'utiliser textuellement, alors voilà:

En 1995, une amie m'a demandé de l'accompagner dans son pèlerinage paroissial à Lourdes. À ce moment-là, je souffrais énormément d'une maladie qui n'avait pas encore été correctement diagnostiquée et j'ai donc décidé que ce serait une bonne idée de la rejoindre. À mon arrivée en France, j'ai été immédiatement frappé par une poussée d'ulcère à l'estomac et je n'ai pas pu manger autre chose que de petits pains et du lait pendant la durée de notre séjour de 7 jours à Lourdes.

J'ai décidé que je devais aller dans les eaux et c'est en faisant la queue pour entrer dans les bains qu'il m'est venu à l'esprit que je serais très égoïste de demander la guérison pour moi-même lorsque mon frère Jean (pas le prêtre) était chez lui en Angleterre souffrant de cancer en phase terminale. Alors je suis entré dans le bain avec les mots "pas pour moi Seigneur, mais pour Jean" sur mes lèvres. J'ai eu le souffle coupé en pénétrant dans les eaux glaciales avec le choc d'une glaciation inattendue. Cependant, lorsque je suis sorti de l'eau, j'ai été immédiatement sec sans avoir besoin d'une serviette.

Pour vous donner une idée de mon frère Jean, il n'avait que la cinquantaine et avait tout pour vivre, mais il m'avait exprimé plus d'une fois qu'il souhaitait avoir ma foi. Il n'était pas de confession catholique et a dit qu'il ne savait tout simplement pas quoi croire. Comme il aurait aimé avoir la foi qu'il a vue en moi.

8 semaines après mon immersion dans les eaux de Lourdes, mon frère Jean est mort, mon cœur s'est brisé et j'ai cru que j'avais perdu une chance de guérison en demandant trop au Seigneur.

Alors que je m'asseyais dans le crématorium pour dire mes derniers adieux à Jean, le pasteur qui était un ami d'enfance tout au long de ses années d'école a commencé à parler. "Je ne vais pas parler de Jean", a-t-il dit. "Parce que vous le connaissiez tous, je vais plutôt vous lire une lettre que Jean a écrite il y a huit semaines." Dans cette lettre, Jean nous a demandé de ne pas trop le pleurer. Il a dit "*Je ne sais pas s'il y a un Dieu, mais je crois. Ou si cet homme Jésus a vraiment vécu, mais je crois. Je ne sais pas si les enseignements de l'Église sont justes mais je crois. Je ne sais rien de cet endroit appelé paradis mais j'y crois et si ce que je crois est vrai, nous serons tous ensemble un jour. Alors fais ton deuil mais ensuite continue ta vie et sois heureux. J'attendrai patiemment le jour où nous serons tous réunis à nouveau et pour l'éternité.*"

La guérison à Lourdes n'a pas été une guérison physique mais une guérison spirituelle. Notre Seigneur savait mieux que moi ce qui était nécessaire et a donné à Jean le plus grand cadeau de guérison. Il lui a donné la foi qu'il peut aller dans l'au-delà avec confiance en la miséricorde de Dieu.

J'ai quitté le crématorium avec des larmes de joie mêlées de larmes de tristesse et avec un cœur reconnaissant pour les faveurs reçues. J'ai depuis appris que rien n'est trop pour le Seigneur. Béni soit Dieu.
Christine"

Les jeunes anges
À mon arrivée à Lourdes, j'aime souvent faire une promenade nocturne avant de me coucher. Ne pas aller dans les pubs mais aller à La Grotte pour dire à notre dame que je suis venu la rencontrer à son Sanctuaire La Grotte.

Ce soir, plusieurs pubs sont encore ouverts, des chaînes de jeunes de la fin de l'adolescence à peut-être la mi-trentaine sentent la rue toujours dans leur uniforme de groupe de bénévoles ou de pèlerinage.

À cette heure tardive, ils auront déjà aidé leurs charges à se coucher dans leurs différents hôpitaux et hôtels et se dirigent eux-mêmes vers leurs propres hôtels pour se reposer avant une autre journée bien remplie demain, transportant les malades et les personnes âgées vers les nombreux sites et les activités. qui se sentent chaque jour à Lourdes. Il y en a beaucoup. Je continue de marcher. Il y a des dizaines d'autres jeunes qui scandent joyeusement certains en buvant. Ils ont tous l'air jovial. Certains parlent l'anglais, le français, l'allemand et d'autres langues que je ne reconnais pas. Voir tous ces jeunes qui semblent liés au volontariat autour de Lourdes apaise un peu mes craintes d'autrefois sur l'Église du future. Là où je vis en Angleterre, l'église ne voit qu'un petit nombre de jeunes venir à la messe et participer aux activités de l'église.

L'appel du Saint Père à demander d'évangéliser de mille manières semble avoir été écouté par ces jeunes que je vois devant moi. Le Saint-Esprit est au travail ou en jeu. Les jeunes font ce que font les jeunes, traînent avec leurs amis, partagent des plaisanteries. Sauf que les groupes de jeunes que je vois ont un but. Soit ils sont venus à Lourdes pour soutenir des personnes âgées ou malades, soit ils sont venus ici pour passer du temps en tant qu'aides inscrits dans les nombreuses œuvres caritatives dont le travail contribue à faire d'un pèlerinage à Lourdes un événement spécial pour ceux qui ne pourraient autrement pas venir ici par eux-mêmes. Certains font également partie d'un groupe de pèlerinage de leur propre paroisse ou diocese.

Je marche vers la porte Saint-Joseph, l'une des deux entrées principales du Sanctuaire Notre-Dame où Sainte Bernadette avait l'habitude de rencontrer Notre-Dame. il est maintenant minuit et demi. Pour la première fois lors de mes visites à lourdes, je trouve cette porte fermée et je ne peux donc pas accéder au Sanctuaire. Je suis déçu mais je réfléchis rapidement à certains des récents événements d'attentats à la bombe et de meurtres aléatoires à travers le monde. L'église prend des mesures pour répondre à ce monde en mutation. Même si le Sanctuaire saint doit fermer pour être rouvert demain matin quand il fait jour par mesure de sécurité, je dis une prière nocturne silencieuse alors que je rentrais lentement à mon hôtel pour me retirer pour le nuit. Je reviendrai le matin. Je n'ai pas pu me rendre à La Grotte mais les jeunes volontaires sont peut-être ceux que Notre Mère voulait que je voie ce soir et apprécie leur ministère dévot. Ces jeunes ont été ma grotte ce soir.

Volontaires ("Sur leurs épaules des ailes d'Ange")

Lourdes regorge toujours de bénévoles. Je n'ai jamais vu un témoin d'un site comme celui-ci. Des milliers de milliers de personnes en fauteuil roulant ou allongées, alitées, se déplaçaient matin après-midi et nuit. Aller et venir, tous chaperonnés et tirés ou poussés par des visages consentants et souriants. Toutes les nationalités, âges et genres et conditions d'infirmité, les bénévoles abondent dans tous les horizons chez Lourdes. Les bénévoles abondent dans tous les horizons de Lourdes, avec des malades. Certains amènent les malades à Lourdes et d'autres viennent simplement à Lourdes pour les rencontrer et prendre soin d'eux ici en abandonnant une partie de leur vie et en l'offrant librement aux autres. Ils viennent de Malte, la Suisse, le Royaume-Uni et de nombreuses régions du monde. Pour aider l'humanite. Pour trouver Dieu. Pour se trouver. Pour trouver le Miséricorde. Pour trouver le pardon. Leur raison d'être ici peut ne jamais s'ouvrir mais ce qu'ils font est divin.

La parabole du Bon Samaritain me vient à l'esprit
Mais l'enseignant de la Loi, voulant se donner raison, reprit: Oui, mais qui donc est mon prochain? En réponse, Jésus lui dit: Il y avait un homme qui descendait de Jérusalem à Jéricho, quand il fut attaqué par des brigands. Ils lui arrachèrent ses vêtements, le rouèrent de coups et s'en allèrent, le laissant à

moitié mort. Or il se trouva qu'un prêtre descendait par le même chemin. Il vit le blessé et, s'en écartant, poursuivit sa route. De même aussi un lévite arriva au même endroit, le vit, et, s'en écartant, poursuivit sa route. Mais un Samaritain qui passait par là arriva près de cet homme. En le voyant, il fut pris de compassion. Il s'approcha de lui, soigna ses plaies avec de l'huile et du vin, et les recouvrit de pansements. Puis, le chargeant sur sa propre mule, il l'emmena dans une auberge où il le soigna de son mieux. Le lendemain, il sortit deux pièces d'argent, les remit à l'aubergiste et lui dit: « Prends soin de cet homme, et tout ce que tu auras dépensé en plus, je te le rembourserai moi-même quand je repasserai. »

Et Jésus ajouta: A ton avis, lequel des trois s'est montré le prochain de l'homme qui avait été victime des brigands?

C'est celui qui a eu compassion de lui, lui répondit l'enseignant de la Loi.

Eh bien, va, et agis de même, lui dit Jésus.**Luc 10 29-37**
Chaque jour chaque, semaine chaque, mois chaque année des milliers de volontaires viennent chez Lourdes pour vivre la parabole du Bon Samaritain. J'ai parlé à certains de ces bénévoles lors de mes pèlerinages. Ils sont une collection joyeuse et beaucoup ont d'autres professions que de s'occuper des patients, mais ils en viennent à perdre de faire l'appel de Dieu dans le cadre de leur dévotion pour aider les autres.

Les bénévoles de visible partout utilisent en compagnie de ceux qu'ils font attention. Si vous ralentissez ou vous arrêtez pour les regarder, vous voyez qu'ils parlent aux personnes dont ils s'occupent, chantent pour eux en souriant et en leur montrant des sites pendant qu'ils se déplacent en parlant aux gens dont ils s'occupent, chanter pour eux en souriant et leur montrer des sites alors qu'ils se déplacent en les emmenant dans tous les endroits spéciaux autour de Lourdes - à la messe, les Bains, la Grotte, les Chapelles, partout. Parfois, ils s'arrêtaient pour permettre à leurs charges de saisir l'importance d'un site ou d'un monument particulier. Patiemment et sans hâte.

Le terrain autour de Lourdes est l'un des montées et des descentes raides car il s'agit d'une région vallonnée. Vous êtes soit en montée raide, soit en descente abrupte. C'est fatiguant de se promener seul sans porter de vaisselle. Cela doit donc demander un certain effort pour les volontaires qui comprennent des hommes et des femmes âgés, des jeunes hommes et des jeunes femmes pour tirer ou pousser des fauteuils roulants sur ce terrain mais pour toujours arborer le sourire aux lèvres, avec de bonnes manières de route exsudant ce que je considère être les grâces des anges descendus directement du ciel sur cette terre misérable.

C'est mon impression de ces personnes saintes qui attendent souvent patiemment dans de longues files d'attente avec les personnes qu'elles transportent ou qui assistent à la messe avec elles, parfois sous un soleil brûlant, brûlant et éblouissant ou sous des averses bruines. La vision de Michael Jackson selon laquelle « *le monde doit s'unir pour ne faire qu'un... pour donner un coup de main... pour faire un jour plus radieux* », dans sa chanson à succès « *Nous sommes le monde* » ne semble pas exagérée. Cette vue des volontaires est celle qui prêche son propre évangile. Je m'émerveille de la grande vision de Notre-Dame qui a dû prévoir tout cela lorsqu'elle a souri et a cajolé la petite Bernadette pour qu'elle retourne à la grotte à plusieurs reprises. Et émerveillez-vous aussi de Bernadette Soubirous elle-même pour toujours se dire que "*Peut-être n'ai-je pas encore assez souffert. Le printemps n'est pas pour moi.*" Pour que d'autres soient sauvés. Que si d'autres étaient sauvés à cause de sa souffrance, alors ses douleurs n'étaient rien en comparaison... c'est peut-être ce qu'elle voulait dire. Le vieux chanteur country Conway Twitty aurait tout aussi bien chanté pour les volontaires de Lourdes lorsqu'il a prophétisé (je paraphrase) "*Sur vos épaules, il y a une paire d'ailes d'ange. La vie avec votre aide et votre soutien, c'est comme vivre dans un beau rêve.*"

Le grand nombre de jeunes en pèlerinage diocésain
"Ils s'élèveront avec des ailes comme des aigles, ils courront et ne se lasseront pas, ils marcheront et ne faibliront pas."
Esa 40:31
Le spectacle des volontaires à Lourdes est une grande évangélisation et une prédication de l'Evangile par les actes. David O Mckay capture cela magnifiquement: "*Je préfère voir un sermon que d'en entendre un n'importe quel jour. Je préfère avoir une promenade avec moi que de simplement montrer la voie.*" Dans Evangelii Gaudium, le Pape François poursuit ce thème, " *..cette mission exige de notre part une grande générosité, il serait faux de la voir comme une entreprise individuelle héroïque, car c'est d' abord et avant tout l' œuvre du Seigneur, surpassant tout ce qui nous pouvons voir et comprendre....dans toute activité d'évangélisation, la primauté appartient à Dieu qui nous a appelés à coopérer avec lui et qui nous conduit par la puissance de son Esprit. Cette conviction nous permet de garder un esprit de joie au milieu d'une tâche si exigeante et défiant qu'il engage toute notre vie.*"
© Libreria Editrice Vaticana (Utilisé avec permission)

À une occasion, nous avons assisté à la messe dirigée par le diocèse de Salford qui se trouve en Angleterre près de

Manchester et qui vient chaque année chez Lourdes en pèlerinage. Ce diocèse comptait un grand nombre de pèlerins totalisant environ 700. Une caractéristique frappante était qu'une grande proportion de jeunes au nombre d'environ 300, presque tous auraient été vus pousser ou se relayer pour pousser une personne âgée ou malade dans un fauteuil roulant ou un lit de civière. Lors de la messe, l'évêque appelle tous les volontaires à se présenter pour avoir les mains ointes en signe de reconnaissance et de reconnaissance du travail le plus noble qu'ils accomplissent. La veille, les volontaires avaient fait une « haie d'honneur » autour des malades et des personnes âgées de leur groupe pendant que les prêtres les oignaient. Dans la plupart des régions, les jeunes disparaissent dès qu'ils font la première communion. (le sous-titre " rite de sortie ") et c'était donc une merveille de voir le diocèse de Salford avec autant de jeunes dans ses rangs.

Sr Generosa à Lourdes
Nous sommes sortis de la Benediction de soirée dans la basilique souterraine et décidons de nous asseoir à l'extérieur du centre d'accueil près du sanctuaire de Notre-Dame pendant que nous regardons les pèlerins aller et venir de la grotte. Sœur Generosa commence à parler, pensivement " *Tu vois mon frère, chaque parabole dans la Bible a un aspect de miséricorde. Lourdes est un lieu saint plein de la dignité de la miséricorde. Vous le voyez et le remarquez dès votre arrivée ici. Il y a un une sorte de joie aussi en arrivant à cet endroit. Avec l'Immaculée Conception se montrant ici, il est poignant que le Saint-Père le Pape François ait choisi la fête de l'Immaculée Conception pour lancer l'Année jubilaire de la Miséricorde.* " Elle se demande à haute voix si quelqu'un est-il capable de transmettre le message le

long de la hiérarchie de l'Église pour demander s'il serait possible pour le Saint-Père de prolonger d'un an l'Année jubilaire de la Miséricorde? Elle dit qu'il est important que chacun ait la possibilité de profiter de l'offre gratuite de la miséricorde de Dieu qui est disponible pour tous. Elle continue. "*Dieu est miséricordieux, Dieu est miséricorde. Il est miséricordieux envers tout son peuple et tout ce que nous devons faire est de répondre et d'avoir la miséricorde de Dieu en 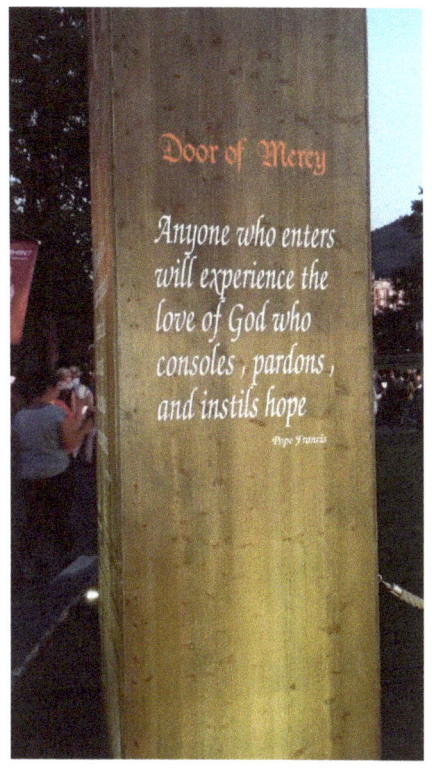 faisant ce qu'il nous commande de faire dans les Écritures."*
*Elle se souvient particulièrement bien de notre toute première messe peu après son arrivée, la messe dominicale célébrée par un cardinal dans la basilique souterraine du Pape Pie X de 25 000 places. Elle poursuit " L'épître de la veillée pascale (messe du dimanche de Pâques) de l'apôtre Paul, proclame la résurrection et marque le début du temps pascal. ils l'avaient mis. Le deuxième dimanche est le dimanche de la Miséricorde Divine pendant lequel nous cherchons tous la miséricorde de Dieu avec un cœur sincère. Le troisième dimanche serait consacré à la fraction du pain mettant en scène l'histoire des 2 disciples sur le chemin d'Emmaüs qui demandent à chacun autre après le départ de Jésus: « **Nos cœurs ne brûlaient-ils***

pas en nous pendant qu'il parlait avec nous sur la route et nous ouvrait les Écritures? "Luc 24:32

Le *quatrième dimanche était le dimanche du Bon Pasteur du Pasteur qui connaît son troupeau et son troupeau qui le connaît. Et puis la pratique du berger marchant devant son troupeau avec le troupeau suivant leur berger.*

Le 5ème dimanche, mettre en lumière l'amour de Dieu à travers le partage de l'amour dans l'évangile de saint Jean. Et le sixième dimanche où la promesse est faite que le Saint-Esprit viendra à la Pentecôte en témoignage de la Bonne Nouvelle. Nous aussi, nous sommes témoins en tant que personnes de foi et nous sommes appelés à proclamer la Bonne Nouvelle à Jérusalem, en Judée, en Samarie jusqu'aux extrémités de la terre. (Actes 1:1-11) . Le dimanche de la Pentecôte, le Saint-Esprit vient comme promis pour nous guider et nous fortifier dans nos vies et dans notre foi alors que nous prêchons la bonne nouvelle. Vient enfin le dimanche de la Trinité où le mystère du Dieu trois-en-un est révélé.

Formidable. De retour dans la basilique en raison de sa taille énorme, nous avions suivi la messe qui avait lieu à l'autel assez loin via l'un de nombreux écrans de vidéosurveillance multi-écrans affichés à l'intérieur. À la trans-substatation, Sr et moi avons regardé la photo en gros plan du calice sur les écrans géants et nous nous sommes regardés. Clairement visible dans le calice était ce qui nous apparaissait comme du sang. Rouge comme du sang. Plus de vin. Nous étions agenouillés pendant son temps de Consécration. Après la messe, nous en avons discuté entre nous. Nous l'avions remarqué séparément pendant la messe. Son sang versé pour nos péchés.

À l'offertoire, ils sont venus une longue file de soldats en uniforme de l'armée régulière mais sans armes apportant avec révérence les cadeaux d'offrande au Cardinal qui dirige la grand-messe. Nous devions apprendre plus tard que les soldats faisaient partie du contingent qui s'occupe du Chemin de Croix sur la montagne. Fournir des moyens de dissuasion amicaux aux fauteurs de troubles en remplissant principalement le rôle de fournir de l'aide et du soutien si quelqu'un s'évanouit ou a besoin d'aide, car la montagne avec la station est assez raide. Si tous les soldats du monde étaient déployés pour servir le Christ, qu'est-ce qu'il y aurait d'autre dans ce monde.

À la fin de la procession aux flambeaux chaque soir devant la basilique du Rosaire, tout le monde est béni par le chef de la procession après les prières de cloture. Tout le monde est invité à offrir le signe de paix aux personnes à proximité immediate. Sr m'a dit un soir qu'une des personnes à qui elle a fait le signe de la paix par une poignée de main lui a dit " *La paix soit avec toi aussi soeur. Nous allons maintenant nous rencontrer au Ciel car nous ne nous reverrons plus.* " Un message simple mais extrêmement profond. Provenant de différents continents, la probabilité que nos chemins se croisent à nouveau sur cette Terre semble pratiquement nulle. Mais qu'est-ce qui nous a attirés toi et moi chez Lourdes en même temps. Et pour nous, être debout l'un à côté de l'autre lors de cette procession particulière est un acte au-delà de toute comprehension. Dans notre vie de tous les jours, n'est-il pas non plus vrai que nous tenons les gens que nous avons pour acquis parce que nous supposons qu'ils seront toujours là demain? N'entretenons-nous pas des rancunes et un manque de pardon comme si nous avions le contrôle du lendemain? Sr poursuit ses réflexions sur Lourdes. "*C'est un endroit paisible.*" Puis elle se répète très pensivement, comme si elle méditait sur la pensée ou peut-être au cas où je n'écouterais pas comme je le devrais. Cet endroit a clairement touché son cœur. Et ce n'est pas la dernière fois que j'entends parler de la tranquillité de Lourdes par elle. En tant que croyants, nous donnons chaque jour le signe de la paix à la messe. D'une manière ou d'une autre, cela a une signification supplémentaire ici sur la grande Piazza avec la statue de la Vierge couronnée derrière vous et la basilique du Rosaire juste devant vous et tout autour de vous l'immense mer des profondément fidèles qui ont voyagé avec vous lors de la procession du soir.

Je veux rester ici
Le dernier jour de notre pèlerinage, alors que nous sommes sur le point de partir le lendemain matin jeudi, une laïque de notre groupe de pèlerinage lors de sa première visite à Lourdes remarque avec nostalgie: « *Je ne veux pas partir, je veux juste rester ici*!" (Cf St Pierre à la Transfiguration, " Seigneur, il est bon d'être ici! (Mt 17:4) je ne la blâme pas. Je ressens la même chose moi-même. Je pourrais aussi rester ici toute l'année moi-même.

Un autre dit, "Je ne veux pas partir…"
Lors de notre dernière nuit au dîner, une dame est renfermée et a l'air plus triste. Je lui demandez "pourquoi vous avez l'air si triste et somnolent?" Je n'ai pas sommeil," elle répond. "En ce moment, après cette merveilleuse expérience, je pense juste à tous les problèmes et choses qui m'attendent quand je rentrerai à la maison."

Ces sentiments de ces deux pèlerins représentent en quelque sorte certaines des parties les plus difficiles du voyage de pèlerinage. La phase de pré-voyage, le voyage de la maison à la destination, le séjour au sanctuaire et toutes les activités, les prières et les achats occasionnels dans les magasins représentent peut-être les parties « faciles » du « voyage ». La partie difficile est de vivre le voyage de votre vie après tout pour montrer aux autres que vous avez été en pèlerinage. Pour être fidèle aux nombreux engagements que vous avez pris envers Notre-Dame de la Grotte et pendant votre séjour ici. Pour être fidèle aux promesses et aux engagements que vous avez pris dans vos pétitions écrites que vous avez généreusement laissées à chaque endroit où il était possible de le faire. Pour être fidèle à la repentance tranquille et aux prières pour ceux qui ne vous aiment pas, ouvertement ou autrement. Pour être fidèle aux signes enthousiastes de paix que vous avez partagés avec les étrangers lors de la procession aux flambeaux, que vous vouliez vraiment dire du fond du cœur mais que vous craignez malheureusement d'avoir du mal à étendre à vos proches. Pour être fidèle à la promesse de Notre-Seigneur Jésus de ne plus jamais pécher ("...*va et désormais ne pèche plus*...) **Jean 8:11**: Tous ces actes de bonne volonté tu es maintenant obligé d'étendre et de partager avec vos proches chez vous. Cela s'avère souvent difficile et peut être semé d'embûches de toutes sortes. Et pourtant, c'est souvent la raison même pour laquelle nous sommes venus en pèlerinage pour demander l'intercession de Notre-Dame pour reconstruire des ponts vers le Seigneur.

Perdu son passeport et de l'argent en pèlerinage
Une dame lors de son premier pèlerinage à Lourdes dans notre groupe a perdu son portefeuille avec ses effets

personnels, y compris son passeport, ses cartes bancaires et tout son argent alors que nous nous rendions à Lourdes en autocar. Elle n'a découvert que ceux-ci manquaient à l'arrivée à Lourdes et les a fouillés partout dans le car et dans ses bagages mais n'a rien trouvé. Plus tard, elle a pensé qu'elle les avait peut-être oubliés lors des derniers services auxquels nous nous sommes arrêtés. Heureusement, après environ 4 jours, un pèlerin de notre groupe a trouvé un reçu d'achat de ces mêmes services et son numéro de téléphone a été utilisé pour confirmer qu'il avait bien vu et qu'il gardait le portefeuille en question. Ouf !! Notre organisateur de pèlerinage a fait tout le chemin du retour (l'aller-retour prenant une journée entière) jusqu'à chez lui pour récupérer le colis manquant. C'était le jour de la messe finale à laquelle nous assistions à Lourdes et la Dame devait me le dire Plus tard comme son portefeuille n'était pas arrivé, elle dit tranquillement à l'heure de l'offrande: « Seigneur je n'ai plus d'argent et si tu avais voulu que je faites une offrande, vous auriez permis à mon portefeuille d'être ici maintenant." Alors qu'elle terminait cette contemplation silencieuse, le coordinateur du pèlerinage lui a doucement tapé sur l'épaule pour lui remettre son passeport et son portefeuille. Avec tout en tact. Coïncidence providentielle. Des miracles se produisent encore à notre époque, et dans son extase, la dame a simplement sorti une liasse de notes et les a jetées dans le panier de la collection qui passait.

Une autre a également perdu son portefeuille et ses cartes bancaires
Une autre dame de notre groupe de pèlerinage nous a également raconté que deux jours avant le voyage, elle s'était fait voler son portefeuille qui contenait toutes ses

cartes bancaires et quelques effets personnels. La grâce salvatrice était que son argent de voyage avait été laissé en toute sécurité à la maison. Elle n'allait pas annuler son pèlerinage à cause de cela et la voilà avec nous.

Accident de voiture juste avant le voyage.
 Un autre homme également de notre groupe avait eu un accident de voiture mineur avant le voyage. Comme il n'était pas blessé, il continua ses préparatifs et fit le pèlerinage.

Assurance voyage
Un homme est tombé malade pendant notre pèlerinage et a été hospitalisé. Lorsque nous sommes partis, il n'avait pas encore obtenu son congé donc il est resté hospitalisé à Lourdes. Ses connaissances nous ont dit qu'il avait hésité à souscrire une assurance voyage et l'avait fait à la toute dernière minute. Cette assurance lui a épargné une facture médicale potentiellement énorme dans un pays étranger.

Je suis venu ici pour la première fois il y a 13 ans
Il y a 13 ans, c'est quand je suis allé pour la première fois chez Lourdes et je n'étais même pas catholique. Ma femme m'a fait partir alors que je me tenais à la grotte avec mon dos, j'ai senti une main me toucher et tourner la tête pour regarder derrière moi. Je me tenais dans la zone ouverte près de la grotte, loin des gens. Je ne sais pas qui m'a touché et il n'y avait personne dans mon voisinage immédiat qui aurait pu me toucher. Ensuite, à la messe à l'église, un prêtre est venu vers moi et m'a dit: « *Puis-je vous donner une bénédiction?* » J'ai dit oui. Je suis devenu catholique après ça. Depuis, je n'ai cessé de venir à Lourdes. En fait, cet

homme est devenu l'organisateur du pèlerinage local annuel à Lourdes dans sa paroisse. Sa femme m'a dit, « *En tant que jeune fille, j'ai toujours voulu venir à Lourdes. J'avais l'habitude de prier pour avoir l'opportunité. Un jour ma tante m'a dit: " Voudrais-tu venir à Lourdes? " J'ai dit oui. Ma prière a été exaucée et je ne viens pas à Lourdes année après année. Et grâce au Seigneur, je viens maintenant avec mon mari qui organise maintenant chaque année ces pèlerinages pour notre paroisse.* Cet homme est malheureusement décédé fin 2019. RIP.

Ma propre guerison
Moi aussi j'ai un témoignage personnel de la puissance de Dieu. Bien que n'étant pas directement lié à Lourdes. C'est arrivé le vendredi 20 février 2015 alors que j'assistais à une réunion de prière toute la nuit au domicile de l'une de nos autres familles chrétiennes de la communauté. Mon saignement de nez régulier est réapparu, que j'avais subi au cours des deux semaines précédentes. J'ai toujours eu des saignements de nez pendant environ 2 semaines deux fois par an au début de la saison froide en octobre et novembre, puis à la fin de l'hiver avec le début de la saison chaude d'environ février à avril. Ce saignement commençait parfois lorsque je m'asseyais à mon bureau, au travail, à la maison, en train de discuter avec des amis, endormis au lit la nuit ou pendant la prière à l'église. De toute façon. Et pour ma jeunesse, j'avais des problèmes de saignement de nez à certaines périodes de l'année.

A cette occasion, alors que les prêtres catholiques dirigeaient notre session de prière du soir prêchaient, il a commencé sans avertissement, comme cela a toujours été le cas. J'ai rapidement sorti un large de mouchoirs en papier de la poche de ma chemise pour endiguer le saignement. Remarquant cela, le prêtre a cessé de prêcher et m'a demandé de le suivre à l'extérieur. Il m'a invité à prier avec lui pendant qu'il posait ses mains sur ma tête. Il m'a demandé si je croyais que Dieu était sur le point de me guerir. J'ai répondu avec quelques doutes que oui il pouvait. Il a ri un peu et m'a encore demandé si je croyais vraiment. J'ai répondu que je croyais. Il a demande hardiment qu'au nom de Dieu ce saignement devrait s'arrêter immédiatement et pour ne jamais revenir il m'a demandé de prier et de croire. Nous avons prié ensemble pendant qu'il terminait la prière j'ai remarqué que le saignement vient de s'arrêter. Je n'ai plus jamais eu à utiliser l'énorme quantité de mouchoirs que je portais cette nuit-là. **Je n'ai rencontré aucun saignement de nez à ce jour**. Et je crois toujours. Gloire à Dieu.

Le Seigneur a tant fait pour nous (y compris un remède)
Un pèlerin âgé me dit « Venir à Lourdes nous fait voir à quel point nous avons de la chance pour toutes les choses que nous tenons pour acquises dans nos vies. Un jour, j'étais assis à Lourdes et j'ai commencé à parler à une jeune fille. Elle a répondu d'une manière très enthousiaste et nous avons eu une très bonne conversation. La mère de l'enfant a été très surprise qu'elle parle autant. Le lien commun que nous tirons d'être membres de l'Église catholique nous permet de nous exprimer avec ouverture et convivialité. J'espère que la jeune fille a gardé une attitude plus amicale par la suite envers sa famille." Il continua.
Hier soir, alors que ma femme et moi nous promenions dans l'hôtel, un groupe de 16 ou 17 ans nous a accueillis et

nous a parlé. Ils n'avaient pas à le faire, mais ils l'ont fait, ils ne l'auraient peut-être pas fait autrement, mais parce que nous étions dans un cadre comme celui de Lourdes, ils se sentaient capables de le faire. Mais ils l'auront aussi fait parce qu'ils doivent être des enfants catholiques bien élevés avec de bonnes manières et comportement. Deux de ces jeunes ont dit qu'ils iraient à Édimbourg pour l'université et j'ai décidé de faire quelque chose pour eux pour leur gentilesse. J'ai décrit le café appartenant à ma sœur à Édimbourg où ils devraient aller demander un repas gratuit que je m'assurerai que ma sœur leur accorde. Ce sera sur moi, bénis ces jeunes.

Et l'autre jour à la messe, j'ai observé que les personnes malentendantes avaient la possibilité de faire une prière d'appel d'offres et cela incarne pour moi ce qu'est Lourdes. C'était juste fantastique! Sa femme continue. " J'étais à l'église d'Angleterre quand j'ai rencontré mon mari qui était catholique. A l'époque, il travaillait 7 jours sur 7 et j'emmenais donc les enfants à l'église catholique tous les dimanches. Je ne suis devenue catholique que lorsque notre fille avait 15 ans mais je les ai emmenés à l'église tous les dimanches. Je suis maintenant allé à Lourdes 9 fois. Je viens ici pour remercier le Seigneur. J'ai eu des problèmes de dos qui ont complètement guéri après mon arrivée ici. Le médecin a certifié que je n'avais plus besoin de traitement. Je n'ai pas arrêté remercier le Seigneur depuis. »

Les jeunes anges merveilleux
Un pèlerin partage le témoignage suivant: *les jeunes de Salford Manchester qui ont fait un si merveilleux bénévolat en amenant et en soignant les malades et les personnes âgées en*

fauteuil roulant l'ont fait pour moi cette fois à Lourdes. A chaque fois que je voyais le groupe de Salford j'avais la gorge nouée et les larmes aux yeux. Voir des jeunes si bien comportés travailler si dur et en si grand nombre si priant était si incroyable. Une telle foi d'être si attentionnée envers les malades et les personnes âgées, leurs chansons, le tour d'honneur pour toute la congrégation lors de cette messe finale et d'adieu par le groupe de Salford était tout simplement incroyable. Son mari me dit: « *C'est la 4ème fois que je viens à Lourdes. Les choses les plus extraordinaires étaient les jeunes de Salford, qui étaient gentils, bien élevés, avaient une chorale hors de ce monde et avaient tout si bien organisé. avoir autant de jeunes alors que ce n'est plus possible dans beaucoup de paroisses, c'est juste génial.*" Le mari me dit qu'aujourd'hui alors que nous quittons Lourdes, c'est aussi l'anniversaire de la perte de leur fille il y a quelques temps et elle aurait eu 44 ans aujourd'hui.

Je viens ici depuis 32 ans

Un autre pèlerin dit que, *"Je viens chez Lourdes depuis 32 ans au début, je n'ai même pas envisagé de venir ici. Je n'étais juste pas intéressé. Jusqu'à ce que je commence et puis je n'ai jamais arrêté. C'est devenu une partie de mon DNA. Deux de mes amis viennent ici avec moi depuis 1997. Je travaille dans un hospice en Angleterre et je considère comme très important de pouvoir apporter les intentions de prière des personnes de l'hospice qui ne peuvent elles-mêmes pas venir ici. Je dois admettre que je suis devenu accro à Lourdes moi meme."*

Je viens ici depuis 1954 et n'ai jamais manqué qu'un an

Une autre pèlerine me dit qu'elle vient à Lourdes depuis 1954 (et nous sommes en 2018) et qu'elle n'a manqué qu'un an car son pèlerinage aurait été trop proche de la naissance de son fils. En tant qu'infirmière, elle venait toujours en compagnie d'autres malades ou venait simplement passer son temps attaché à l'un des hôpitaux à faire des œuvres caritatives.

Nous avons également visité d'autres lieux de pèlerinage.
Un autre dit: " ma femme et moi sommes venus ici 3 et 4 fois respectivement. Nous sommes également allés dans d'autres endroits comme Padoue, Medjugorje etc. mais semblent d'une manière ou d'une autre s'être accrochés à Lourdes. Nous appartenons à la Légion de Marie chez nous. Depuis mon arrivée à Lourdes, j'ai trouvé la paix dans ma vie. Je ne m'inquiète de rien. Si un problème survient dans ma vie, je le recommande à Notre-Dame qui les résout. Et ça marche bien à chaque fois. Lourdes est bonne pour ceux dont la foi s'est affaiblie ou même pour les catholiques périmés.

Je viens en volontaire.
Je viens à Lourdes depuis de nombreuses années en tant qu'aide-soignante. Je fais du bénévolat quand je suis en congé de mon travail de jour en Angleterre. Dans ce rôle, on soigne les malades dans les hôpitaux de Lourdes et on n'es parfois vu que lorsqu'ons amenez les malades à la Procession, à la Messe ou aux Bains. Avec d'autres, on travaille par quarts de travail. Pour que les malades soient amenés ici, une planification et un processus élaborés doivent être suivis. Le voyage doit être certifié par le médecin avant que le malade puisse se rendre à Lourdes. Les plus graves peuvent encore venir à Lourdes et ceux-ci doivent généralement être référés à l'Ambulance Saint-Jean qui a les avions et la capacité de déplacer ces pèlerins malades.

Dans les hôpitaux de Lourdes, il y a beaucoup de travail en coulisses avec un grand nombre de médecins, d'infirmières, de bénévoles, de prêtres et de sœurs travaillant avec les personnes engagées dans ces hôpitaux. Même dans les cas très graves, des dispositions peuvent être prises pour qu'ils rejoignent la messe de procession à la grotte et seront généralement amenés avec leur appareil respiratoire, leur oxygène, etc.

Beaucoup d'entre nous qui viennent à Lourdes semblent être des visites répétées, comprenant ceux qui y sont déjà allés et comme certains pèlerins l'ont mentionné à plusieurs reprises, « accro de revenir ».

L'histoire d'un musicien
Le groupe de musiciens qui a joué à Lourdes est un groupe de pèlerinage diocésain qui se réunit spécifiquement avant les pèlerinages à Lourdes." Cet homme joue de l'orgue ou du piano et est à l'aise avec tous les types d'orgues disponibles en Angleterre. Pour lui, l'avantage de faire ce travail bénévole est ce que la musique signifie pour les personnes qui l'utilisent comme accompagnement de la prière lorsqu'elles sont à Lourdes. Il m'a dit qu'il est très important pour lui en tant que personne que les gens lui donnent des commentaires sur sa musique et comment cela les aide à prier afin qu'il puisse comprendre comment la congrégation sympathise avec lui parce que vous jouez de l'instrument dans une cabine séparée de la Il venait à Lourdes depuis 2001. Sur le plan personnel pour lui, « *Lourdes recharge mes batteries* ». Il a dit qu'un an, il est venu en tant que bénévole pour aider les malades et les personnes âgées.

Il a quelques idées pour embrasser les jeunes. *"Les jeunes peuvent être exploités en faisant des choses qui les excitent dans l'église en les appréciant et en les encourageant en leur donnant un espace au sanctuaire pour se détendre et passer un bon moment mais cela impliquait également de fournir le leadership pour s'assurer qu'ils n'exagèrent pas. La musique est ma façon de prêcher la Bonne Nouvelle de l'Evangile.* Et il veut en faire plus. Il se sent inspiré par ce que font les médecins. À titre d'exemple, il a noté que le chef de choeur de Salford est un médecin et une mère qui venait d'avoir un bébé mais n'avait pas pris de congé pour allaiter son bébé. Et elle est également venue à Lourdes en tant que médecin volontaire pour aider. Il poursuit: *"Je lui ai parlé une fois en Angleterre et elle a dit à propos de son travail normal qu'elle n'avait parfois que "deux heures de sommeil".* Le musicien a également été très inspiré par le cycliste de son diocèse qui a parcouru plus de 700 miles du nord-ouest de l'Angleterre à Lourdes en seulement 10 jours pour collecter des fonds pour les nécessiteux de Lourdes. Il s'est aussi inspiré de toutes ces personnes qui avaient reçu diverses récompenses pour leurs longs états de service pour leur bénévolat au service de l'Église au cours de ce pèlerinage.

Je ne pourrais pas dire cela en présence de beaucoup de gens. *Je ne pouvais pas dire cela avant en présence de nombreuses personnes. Mais plus tôt cette semaine, pendant la messe en tant que Grotte, alors que je suis assis sur le banc, j'entends une sensation comme si le banc sur lequel je suis assis vibrait ou tremblait de la part de personnes jouant délibérément avec. Je dois aller aux toilettes car depuis de nombreuses années j'ai des problèmes de vessie et mes médecins n'ont pas réussi à traiter mon état. Aux toilettes, une pierre bleuâtre distinctive est évanouie avec l'urine. Des heures et des* *jours de douleur semblent avoir été instantanément soulagés. La sensation douloureuse qui me gênait tant vient de disparaître et je n'ai pas connu l'agonie de ce qui était maintenant ma condition de vie au cours des deux derniers jours depuis ce moment-là pendant la messe à la Grotte.*

Je suis arrivé ici il y a 60 ans
Notre groupe est allé au lac de Lourdes un après-midi et a trouvé qu'il y avait déjà d'autres pèlerins qui nageaient, certains se détendaient simplement les pieds dans l'eau, utilisaient des pédalos, etc. Des moments de détente comme celui-ci font partie intégrante d'un pèlerinage: recharger ses batteries à mi-chemin par un pèlerinage. Les jeunes jouent ensemble. Au cours de conversations alors que nous étions assis au bord de l'eau, un pèlerin m'a parlé de deux couples de leur diocèse qui se sont rencontrés à Lourdes et se sont mariés. Un ami et moi ont ensuite discuté avec un pèlerin attaché à la roue qui est venu pour la première fois à Lourdes il y a environ 60 ans et était venu en pèlerinage de temps en temps depuis lors. Cette fois, elle est venue avec sa fille et ses deux petits-enfants. Les jeunes enfants raffolent clairement de leur grand-mère avec laquelle ils s'embrassent et jouent. Familles heureuses! Grand-mère nous a dit que dans sa communauté locale, une grande partie de sa vie est consacrée à aider les autres, y compris de nombreux demandeurs d'asile et d'autres dans des situations désespérées. Une fois, lorsqu'on lui a demandé comment elle s'était rendue heureuse, elle a répondu: "*Je trouve de la joie quand je rends les autres heureux plutôt que de me concentrer sur moi-même. Faire des choses pour les autres est la meilleure façon de trouver le bonheur pour moi-même.*" Le pape François serait fier de l'avoir dans sa paroisse.

Etes-vous Catholique?

Un autre pèlerin me dit au cours du dîner: « Une de mes amies et son mari m'avaient emmenée dans leur voiture lorsque nous avons été impliqués dans un accident mineur avec une autre voiture. Lorsque l'autre conducteur a voulu échanger ses coordonnées à des fins d'assurance, il m'a demandé si le conducteur de notre voiture était catholique. Ils ne l'étaient pas tous les deux, mais j'ai dit que je l'étais et l'autre propriétaire de la voiture a demandé les détails des conducteurs ainsi que les miens, disant qu'un autre catholique ne leur mentirait pas. Un beau témoignage de le lien spirituel fort entre les membres de la foi catholique.

10. REMARQUES FINALES

Vers la fin de la célèbre pièce de théâtre Macbeth de Guillaume Shakespeare, Macbeth lui-même soliloque « *La vie n'est qu'une ombre ambulante, un pauvre joueur qui se pavane et s'agite son heure sur la scène et qui n'est plus entendu.*" Sa femme Dame Macbeth venait de se suicider. Dame Macbeth avait été une figure puissante et dominante à la fois dans ses foyers et dans l'arène politique, le soi-disant pouvoir derrière le trône. Macbeth avait maintenant réalisé que même avec la puissance et tous les pièges du pouvoir et du matérialisme dans ce monde, la vie pouvait encore n'avoir aucun sens. En revanche Bernadette était une fille frêle, calme et timide qui évitait toute publicité et le confort mondain. À un moment donné, en réponse à une question, elle avait dit: « *Le printemps n'est pas pour moi* », lorsqu'on lui avait demandé pourquoi elle n'était pas allée se baigner au printemps pour se débarrasser de sa propre maladie. C'est pourtant la petite Bernadette qui n'a pas quitté ce monde pour qu'on n'entende plus parler. C'est plutôt à travers elle que plus de 6 millions de pèlerins se rendent désormais à Lourdes chaque année. Beaucoup viennent s'attendre à être guéris. Être sauvé. Pour chercher Dieu. Parce que c'est le cœur même de la miséricorde de Dieu.

Pendant le pèlerinage, nous nous serons souvenus et priés pour ceux que nous avons laissés derrière nous. Notre disposition au retour peut jouer un rôle positif important dans l'évangélisation de ceux que nous avons laissés chez nous. L'impact d'un pèlerinage sera différent d'un pèlerin à l'autre, certains témoignant d'un renouveau immédiat et d'autres pas, mais à la fin, notre Dieu qui parle répond toujours à nos prières en son temps. Notre pèlerinage sera complet lorsque nous serons finalement trouvés dignes de son bonheur dans l'autre monde, de la terre de Jérusalem pour nous ouvrir le chemin vers le Père. Chaque pèlerin pourrait apprendre du pèlerin anonyme. " *Par la grâce de Dieu je suis une personne humaine et une chrétienne; par mes actions, un grand pécheur, par ma condition un pèlerin sans toit , étant de la plus basse espèce qui va errer d'un endroit à un autre .Mes biens sont un sac sur mes épaules avec un peu de pain sec et un Saint Bibe que je porter sous par les vêtements. Je n'ai rien d'autre"* - Le Chemin du Pèlerin (R.M. français (traducteur). Moi aussi je suis humble, pas plus que le pèlerin anonyme et ma foi que m'ont donnée mes parents est mon seul cadeau pour vous.

À la fin de votre pèlerinage, il serait juste de vous demander: *"Qu'avez-vous voulu changer ou réaliser lorsque vous avez décidé de venir en pèlerinage? Quel était votre but précis en venant?"* Eh bien, lorsque vous rentrez chez vous, il ne suffit pas de regarder les photos et les vidéos et de les partager avec vos amis et votre famille, puis de fermer ce chapitre de votre vie. Vous devez faire du pèlerinage un voyage vivant et continu de votre vie. Le Saint-Père le Pape François, de retour des Journées Mondiales de la Jeunesse à Rio en 2013, a déclaré qu'il voulait que l'après-Journée de la Jeunesse soit un gâchis. Comme un hôpital de campagne après une bataille. Et il voulait aussi que l'Église soit comme ça. Car l'hôpital de campagne est l'endroit où les blessés et les fatigués viennent se faire soigner et sauver des vies, où ils viennent se reposer temporairement afin de pouvoir reprendre leur chemin vers la sécurité et la paix. Lorsque vous quittez Lourdes, vous devez vous aussi considérer le Saint Sanctuaire comme l'hôpital de campagne de Notre-Seigneur Jésus-Christ avec sa Mère Notre-Dame. Où nous venons et retournons tous pour être guéris de nos maux tant physiques que spirituels. Et alors que nous partons pour exhorter à l'unisson, "**Reste avec nous Seigneur, reste avec nous Seigneur, reste avec nous dans notre voyage**". Que votre vagabondage de lieu en lieu sur votre cheminement terrestre vous conduise en direction de l'hôpital de campagne de Notre-Seigneur Jésus-Christ et de sa Mère Notre-Dame de Lourdes avec la foi et l'humilité du pèlerin anonyme. Car c'est là que réside LE COEUR DE LA MISÉRICORDE DE DIEU. Amen

ANNEXE 1 POURQUOI FAUT-IL ALLER EN PÈLERINAGE?

Pourquoi les gens vont-ils en pèlerinage ou plus précisément pourquoi devrions-nous, vous et moi, faire ce pèlerinage? Parce que simplement nous sommes tous pécheurs et avons donc besoin de la miséricorde de Dieu. « *Pourquoi m'appelez-vous bon? » répondit Jésus. " Personne n'est bon - sauf Dieu seul"* (Marc 10:18) Dans l'"**Exhortation apostolique Evangelii Gaudium (La joie de l'Evangile)** de 2015, **le Pape François écrit**:" Il y a des chrétiens dont la vie ressemble à un Carême sans Pâques..." © Libreria Editrice Vaticana (Utilisé avec permission) Et a Lamentations 3 : *Tu m'as enlevé la paix; Je ne connais plus le bonheur. Voici ce que je veux repasser en mon coeur, Ce qui me donnera de l'espérance. 22 Les bontés de l'Eternel ne sont pas épuisées, Ses compassions ne sont pas à leur terme; 23 Elles se renouvellent chaque matin. Oh! que ta fidélité est grande!* La miséricorde de Dieu peut nous amener à Pâques, la paix, la joie que nous recherchons dans le Seigneur.

Aujourd'hui, beaucoup d'entre nous sont endommagés parfois à plusieurs reprises par des relations fragiles ou rompues à la maison, sur le lieu de travail et dans la société dans son ensemble. Nous nous accrochons aux vieilles blessures et aux cicatrices du passé que nous ne pouvons pas abandonner pour aller de l'avant. Nous souffrons d'un manque de guérison spirituelle pour nos péchés ou transgressions que nous n'avons pas été ou ne voulons pas confesser pour recevoir l'absolution par le sacrement de la réconciliation. nous gardons ces blessures en bouteille à l'intérieur. Nous persuader loin du péché et démontrer l'énormité du péché. St Alphonse prévient sévèrement: «

Quelle punition mériterait ce sujet qui, pendant que le roi donnait son ordre, lui tournait le dos avec mépris pour aller transgresser ses ordres ?"
En plus du péché, nous manquons également d'une guérison physique telle que de la maladie, des blessures corporelles ou de l'infirmité. Certaines maladies qui nous affligent sont dues au fait que nous n'avons pas de guérison spirituelle. Pour ceux-ci, nous avons besoin de la miséricorde de Dieu car Il est le Guérisseur. Le maître. Le Tout-Puissant. Souvent, nous souffrons d'un manque de pardon que nous déguisons ensuite sous la forme controversée de « *pardonnez mais n'oubliez pas* ». soit on pardonne, soit on ne pardonne pas; quand on pardonne on oublie, évidemment sans être naïf. En réalité, très souvent, nous ne pouvons tout simplement pas nous résoudre à pardonner. Car le vrai pardon est inconditionnel. *21 Alors Pierre s'approcha de lui, et dit: Seigneur, combien de fois pardonnerai-je à mon frère, lorsqu'il péchera contre moi? Sera-ce jusqu'à sept fois? 22 Jésus lui dit: Je ne te dis pas jusqu'à sept fois, mais jusqu'à septante fois sept fois.* Matthieu18:21-22. Jésus n'a pas mis de condition ou de limite au pardon. Pardon inconditionnel. C'est pourquoi peut-être le Saint-Père le Pape François, dans sa sagesse, a déclaré l'année liturgique 2016 l'Année jubilaire de la Miséricorde afin d'aider l'humanité à recevoir et à réfléchir sur la miséricorde. Peut-être que l'année jubilaire de la Miséricorde aurait dû être prolongée à plus d'un an? Mon point de vue personnel est qu'avec le pardon et la miséricorde, le monde serait un endroit totalement différent de ce qu'il est ou sera jamais. On vient à Lourdes pour de multiples raisons: Les sacrements en particulier celui de la Réconciliation. Quel meilleur endroit pour tout cela que Lourdes? Le cœur de la miséricorde de Dieu.

Lors d'une de nos messes communautaires, les dirigeants laïcs ont demandé un jour aux prêtres de faire des prières spéciales pour les malades et les personnes âgées de la communauté. Lors de la bénédiction finale, les prêtres ont demandé à toute personne âgée ou souffrant d'une maladie physique ou spirituelle de s'agenouiller devant l'autel pour quelques prières, oindre et asperger d'eau bénite et la bénédiction. Les prêtres ont-ils mal jugé leur congrégation pour TOUT LE MONDE, jeunes et vieux se sont présentés pour être priés et recevoir des huiles d'onction et être aspergés d'eau bénite! Chacun de nous. Certaines maladies physiques sont l'expression de la blessure qui a eu lieu à l'intérieur. Lourdes est un bon endroit pour commencer. Notre dame est allée là-bas pour nous préparer un chemin de retour vers le Seigneur et nous a contacté par l'intermédiaire de Bernadette. Notre-Dame savait déjà que nous sommes pécheurs et cela lui faisait mal de voir le monde s'éloigner de la miséricorde de Dieu. Alors elle est venue à Lourdes, pour établir le cœur de la miséricorde de Dieu pour que les pécheurs soient pardonnés par, « *Pénitence, Pénitence, Pénitence* ».

Un pèlerinage est la tente de la rencontre personnelle et intime entre Dieu Lui-même et vous (et moi). Il devrait prendre la forme d'un voyage pour entrer dans la tente de rencontre avec Marie la Mère de notre Seigneur Jésus-Christ. Elle est notre intercesseur. Un pèlerinage a tendance à prendre la forme d'un voyage à la fois physique et spirituel, mais peut également prendre uniquement la forme spirituelle. Mais si cela ne prend que la forme physique sans spiritualité ni composante spirituelle, alors ce n'est PAS un pèlerinage. Cela aurait été réduit à être un simple voyage social, une tournée, une aventure touristique, une simple visite. " Allez dire aux prêtres ... d'amener les gens ici en procession." dans l'un des messages que Notre-Dame a donnés à sainte Bernadette pour nous encourager à retourner à Dieu à travers des processions priantes - des voyages en pèlerinage.

Perdus dans les corvées de nos réalités et angoisses quotidiennes, nous avons besoin de nous découvrir et de nous redécouvrir à travers la réflexion, la méditation, la prière, l'examen de conscience, souvent en silence ou à travers des expériences nouvelles que l'on peut généralement vivre à travers un pèlerinage. Nous pouvons le faire en retraçant les pas de Notre-Dame ou en expérimentant dans la prière des lieux honorés par certains de grands saints de l'histoire de l'Église. Les plus grands sanctuaires mariaux comme Lourdes et Fatima et les plus petits peuvent être des lieux privilégiés pour une rencontre avec elle et son Fils. La Parole de Notre-Dame fut le premier Sanctuaire, la tente de rencontre entre la divinité et l'humanité sur laquelle descendit l'Esprit Saint et qui « *la puissance du Très-Haut avec son ombre* ». Luc 1:35 a rendu possible la naissance du Christ. A travers Notre-Dame, la destination finale et le but d'un pèlerinage sont de rencontrer et de se reposer sur le sein du Seigneur Jésus-Christ lui-même.

ANNEXE 2: QUAND COMMENCE ET FIN UN PÈLERINAGE?

Alors vous vous préparez à partir en pèlerinage à Lourdes? Quand donc commence votre pèlerinage? Est-ce que cela commence le jour où vous montez à bord de l'avion, du car, du train ou du bus pour le lieu saint? Cela commence-t-il lorsque vous atterrissez à l'arrivée? Cela commence-t-il lorsque vous entrez dans l'Église pour vos premières prières ou célébration de la Sainte Messe? Cela commence-t-il lorsque vous commencez à faire le tour avec votre guide de pèlerinage expliquant toutes ces choses qui satisferont vos curiosités et répondront à toutes ces questions d'une manière que vous pensez que c'était un investissement financier intéressant pour économiser? Et pour laquelle vous vous êtes refusé des friandises chères pour pouvoir venir à cette destination unique dans une vie? Est-ce que cela commence lorsque vous commencez à vous sentir satisfait que ce soit une sortie sociale et émotionnelle « gagnant-gagnant » qui n'a pas déçu? Ou lorsque vous êtes allé vous confesser au Sanctuaire et que vous vous sentez maintenant purifié?

Non. En fait, votre pèlerinage doit commencer au moment où vous prenez la décision d'aller dans les lieux saints. C'était peut-être l'année dernière, l'année d'avant, il y a six mois, ou quand vous avez effectivement pris cette décision. Et tout votre être devrait commencer à changer à partir de ce moment. Irréversiblement. Pour la plus grande gloire. Car c'est alors que commence votre pèlerinage. Et quand est-ce que ça se termine?

Eh bien, une fois commencé, un pèlerinage devrait vraiment toucher à sa fin. Partir en pèlerinage doit être un début (un nouveau départ), l'allumage d'une bougie, un feu dans le cœur, le coup d'envoi d'une nouvelle spiritualité sans fin en soi. Car toute notre vie doit désormais devenir un pèlerinage continu, un chemin sacré, s'inspirant quotidiennement de ce que dit saint Paul des Philippiens "...*oubliant ce qui est derrière et tendant vers ce qui est devant...*" Phil 3,13. Ainsi l'acte de visiter les Lieux Saints devient le sel, le lubrifiant, la station de recharge de notre foi. Le nouveau départ. Les visites répétées des sanctuaires ou des sites de pèlerinage deviennent des jalons de renouvellement de son alliance avec le Christ Jésus, chacune de préférence une étape plus élevée que les précédentes. J'espère que ces principes guideront votre vie - tout comme la mienne.

ANNEXE 3 QUELQUES ACTIVITÉS DE PRIERE UTILES ET ACTIONS PERSONNELLES PENDANT LE PÈLERINAGE

Activités
1. Visiter la Chapelle de la Réconciliation pour la Confession / Pénitence au début et aussi souvent que nécessaire pendant le pèlerinage - nous sommes tous pécheurs;
2. Il est idéal d'aller à la messe chaque jour, il y en a un certain nombre à différentes heures et à différents endroits. Certains autres sont organisés en visitant des groupes de pèlerinage.
3. Essayez de prier le chapelet chaque jour - il y a plusieurs sessions de chapelet communautaire chaque jour à la Grotte et aux Thermes;
4. Tous les soirs à 21h, il y a la Procession aux flambeaux qui commence et se termine par la bénédiction devant la Basilique du Rosaire sur la place;
5. Visitez souvent la Sainte Grotte, ne serait-ce que pour vous immerger tranquillement dans la prière et la méditation ou une conversation tranquille avec Notre-Dame ou/et son Fils.;

6. Faites un effort pour visiter la Chapelle de l'Adoration pour l'Exposition du Saint-Sacrement, Ouverte à tous tous les jours, toute la journée pour les Adorations;
7. Si possible, essayez d'aller vous laver aux Bains au moins une fois pendant le pèlerinage;
8. Si possible, essayez d'aller à la Basilique souterraine pour la Bénédiction avec le Saint-Sacrement chaque jour à 17h00; il y a aussi des services de guérison certains jours ainsi que des messes internationales le dimanche et le mercredi à 9h30 ;
9. Essayez de ne pas quitter Lourdes sans faire le chemin de croix. Il y a les stations hautes sur la montagne et les stations basses sur un terrain plat et bas pour ceux qui peuvent avoir des difficultés de mobilité. Le Chemin de Croix vous offre l'opportunité de souffrir avec et pour Christ comme nous le devrions de temps en temps;
10. Comme dernier acte de la journée chaque jour, placez-vous entre les mains de Dieu et puis endormez-vous paisiblement ...
11. Bien sûr, il existe de nombreuses autres activités que les groupes ou les individus peuvent faire pendant le pèlerinage.

Actions/réflexions personnelles (*comme vous souffrez avec et pour Christ*)

    a) Recommandez-vous totalement à Dieu, ainsi que vos activités quotidiennes, au début de chaque journée;
    b) Admettez toujours que vous êtes pécheur (« *peut-être n'ai-je pas assez souffert...* » - St Bernadette);
    c) Parlez à Dieu de tout votre cœur (« *parlez à Dieu comme si vous étiez tout seul avec Lui, familièrement et*

avec confiance et amour, comme aux amis les plus chers et les plus aimants. » St Alphonse Liguori);

d) Lâchez prise: Lâchez toute amertume, rancune, haine, pensées difficiles ou vengeresses, malveillance envers ceux qui vous ont fait du mal à un moment donné. Pardonnez à ceux qui vous viennent habituellement à l'esprit lorsque vous voyez ou pensez à ceux qui vous ont blessé ou déçu. Et lâchez prise pour de bon.
e) Pardonnez à tous en particulier à ceux qui ont déclaré qu'ils ne vous pardonneraient jamais
f) Priez pour ceux qui vous sont proches, en particulier ceux qui ont l'habitude de vous blesser de manière répréhensible et/ou volontaire;
g) Confiez-vous aux soins de Dieu. *"Offrez-vous à Dieu afin qu'il fasse de vous ce qu'il lui plaira"* St Alphonse Liguori;
h) Si possible, ne précipitez pas vos visites des lieux saints ou vos activités pendant le pèlerinage... prenez votre temps... cela ajoute énormément à la prière de tout ce que vous faites. N'oubliez pas qu'un pèlerinage est totalement différent d'une visite touristique.

La plupart des actions suggérées concernent la miséricorde et le pardon, peut-être les deux problèmes les plus difficiles au monde aujourd'hui.

ANNEXE 4   QUELQUES PRIÈRES POUR TOI ET MOI

Le Pape François a composé une prière spéciale pour l'Année Jubilaire de la Miséricorde qui s'est déroulée du 8 décembre 2015 au 20 novembre 2016. Dans la prière, le Saint-Père supplie le Seigneur de faire du Jubilé de la Miséricorde une année de grâce afin que l'Église " *avec l'enthousiasme, puisse apporter la bonne nouvelle aux pauvres, proclamer la liberté aux captifs et aux opprimés et rendre la vue aux aveugles.* "

Prière spéciale du Pape Francois pour l'Année Jubilaire de la Miséricorde

Seigneur Jésus-Christ, tu nous as appris à être miséricordieux comme le Père céleste,
et nous ont dit que quiconque vous voit Le voit.
Montre-nous ton visage et nous serons sauvés.
Votre regard aimant a libéré Zachée et Matthieu de l'esclavage de l'argent;
l'adultère et la Madeleine de ne chercher le bonheur que dans les choses créées;
fit pleurer Pierre après sa trahison, et assura le paradis au voleur repentant.
Écoutons, comme si elles s'adressaient à chacun de nous, les paroles que vous avez prononcées a la Femme samaritaine: « Si tu connaissais le don de Dieu!
Tu es la face visible du Père invisible,
du Dieu qui manifeste sa puissance avant tout par le pardon et la miséricorde:
que l'Église soit votre visage visible dans le monde, son Seigneur ressuscité et glorifié.
Tu as voulu que tes ministres aussi soient vêtus de faiblesse afin qu'ils éprouvent de la compassion pour ceux qui sont dans l'ignorance et l'erreur:

que tous ceux qui les approchent se sentent recherchés, aimés et pardonnés par Dieu.

Envoie ton Esprit et consacre chacun de nous de son onction,

afin que le Jubilé de la Miséricorde soit une année de grâce de la part du Seigneur,

et votre Église, avec un enthousiasme renouvelé, puisse apporter la bonne nouvelle aux pauvres,

proclamez la liberté aux captifs et aux opprimés, et redonnez la vue aux aveugles.

Nous te le demandons, Seigneur Jésus,

par l'intercession de Marie, Mère de Miséricorde;

vous qui vivez et règnez avec le Père et le Saint-Esprit aux siècles des siècles.

Amen.

@Libereria Editrice Vaticana. Utilisé avec autorisation.

Prières à Sainte Bernadette

A Lourdes
Vous avez connu les joies et les épreuves de la vie de famille
Tu as vu Mary dix-huit fois au rocher
Tu as appelé les pécheurs à la pénitence
Les prêtres pour édifier l'Église de Dieu
Les pèlerins à venir en procession
Vous avez signalé le nom de Marie, l'Immaculée Conception,
Vous avez ardemment désiré recevoir le Corps du Seigneur et en vivre
Tu as connu la honte et la méfiance, la moquerie et l'humiliation
Tu as témoigné de ce que tu as vu et cru avec une telle détermination
Vous avez répondu à l'appel du Seigneur.
Avec toi Bernadette, NOUS allons à la Grotte,
Pour contempler Marie pleine de grâce,
De l'entendre dire 'Faites tout ce qu'il vous dira'.
Avec toi Bernadette, NOUS répondons promis, je le ferai.
Sainte Bernadette nous apprend à recevoir la bonne nouvelle.
Avec toi Bernadette, NOUS souhaitons entendre l'appel de la pénitence,
Marcher sur le chemin de la conversion, Vivre dans l'humilité.
Avec toi Bernadette, NOUS prenons notre Croix,
Nous disons « Sainte Marie, Mère de Dieu, priez pour nous pécheurs ».

Avec toi Bernadette, NOUS allons nous laver aux sources de la miséricorde.
Avec toi Bernadette, NOUS disons Oui à la volonté de Dieu, en devenant
serviteurs des petits, des pauvres et des malades.
Avec toi Bernadette, NOUS regardons l'autre comme une personne.
Sainte Bernadette, apprends-nous à aimer et à servir.
Avec toi Bernadette, NOUS allons à la rencontre du Seigneur dans l'Eucharistie.
NOUS allons boire à la Source de l'Eau Vive de la Parole de Dieu.
NOUS allons en procession, ensemble en Église sur les traces du Christ.
Avec toi Bernadette, NOUS irons répéter le Nom de la Dame
au Monde, 'Je suis l'Immaculée Conception'.
Sainte Bernadette, apprends-nous à prier Marie chaque jour,
Mère de Dieu et notre Mère: 'Je vous salue Marie, pleine de grâce'.
Marie conçue sans péché
Priez pour nous qui avons recours à vous.
Notre Dame de Lourdes
Priez pour nous.
Sainte Bernadette
Priez pour nous.

Ma prière à Bernadette
"Bernadette j'aimerais être comme toi;
Petite fille obéissante tu as écouté Aquero;

Enseignez à tous les jeunes cœurs à prier comme vous;
Et à tous les parents de faire grandir leurs enfants avec une foi comme la vôtre
Prier le Rosaire comme toujours;
Que nos noms soient écrits dans le Livre de Vie dans les Cieux ci-dessus;
Apprends-nous à accepter la vie de souffrance avec une grâce sans pareille;
Avoir Jésus seul pour maître.
Et comme toi au temps fixé pour mourir d'une mort sainte;
Ne reposer à jamais que sur le sein du Seigneur. Amen."
@Joseph Foroma 2021

Je vous salue Marie
Je vous salue, Marie pleine de grâce;
le Seigneur est avec vous.
Vous êtes bénie entre toutes les femmes et Jésus,
le fruit de vos entrailles, est béni.
Sainte Marie, Mère de Dieu,
priez pour nous pauvres pécheurs,
maintenant et à l'heure de notre mort.

Gloire Etre
Gloire au Père, au Fils et au Saint-Esprit. Comme Il etat au commencement, maintenant et toujours pour les siccles des siccles. Amen.
Au Nom du Père et du Fils et du Saint-Esprit, Amen.

LES RÉFÉRENCES

CÉLÉBRATION EUCHARISTIQUE À L'OCASION DU 150E ANNIVERSAIRE DES APPARITIONS DE LA BIENHEUREUSE VIERGE MARIE HOMÉLIE DE SA SAINTETÉ BENOÎT XVI, Prairie, Lourdes, dimanche 14 septembre 2008 Copyright 2008 - Libreria Editrice Vaticana : diritti.lev@spc.va
Publications Franciscan Media, www.franciscanmedia.org

Publications MSM, à Lourdes 1844 Bernadette Nevers 1879; https://www.msm-editions.fr/

En direct du site de Lourdes :
www.DirectFromLourdes.com

Le Sanctuaire de Lourdes; site internet : https://wwwlourdes-france.org/fr/
Avec l'aimable autorisation du Sanctuaire ND de Lourdes, Pôle Communication.

Récits des guides conférenciers sur mes différents pèlerins à Lourdes.
Témoignages de compagnons de pèlerinage.

Auteur de: *Réflexions sur l'évêque Xaverio Johnsai Munyongani: Quand Dieu a appelé… son travail ici était terminé.* 2021

Publié par DanTs Media Publishing

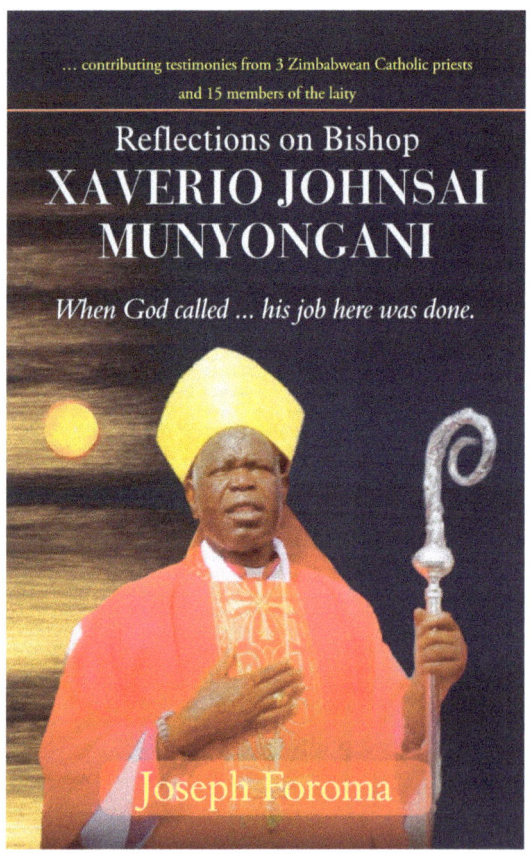

Disponible sur les principaux points de distribution de livres en ligne.

www.ingramcontent.com/pod-product-compliance
Lightning Source LLC
Chambersburg PA
CBHW040423100526
44589CB00022B/2816